D1664292

Bede Griffiths

GÖTTLICHE GEGENWART

Roland R. Ropers (Hg.)

Bede Griffiths

GÖTTLICHE GEGENWART

OTTO MÜLLER VERLAG

Die Deutsche Bibliothek - CIP-Einheitsaufnahme

Griffiths, Bede:
Göttliche Gegenwart / Bede Griffiths. Roland R. Ropers (Hg.). - Salzburg ;
Wien : Müller, 2002
    ISBN 3-7013-1056-4

ISBN 3-7013-1056-4

Satz: Fotosatz Rizner, Salzburg
Umschlaggestaltung: Leo Fellinger, Salzburg
Druck und Bindung: Druckerei Theiss GmbH, A-9431 St. Stefan

Stimmen zu Bede Griffiths:

Bede Griffiths wird von vielen als eine der größten Geistes-Gestalten des 20. Jahrhunderts angesehen. Er manifestiert die Energiequelle Gottes, die jedem Menschen ausnahmslos im Hier und Jetzt verfügbar ist.

*

„Bede Griffiths, der bekannte englische Benediktinermönch und einer der größten Mystiker unserer Zeit, hinterließ ein unermeßliches spirituelles Erbe, dessen Bedeutung wir noch gar nicht richtig erkannt haben. Er ist ein authentischer Zeuge für die Weisheit der großen Religionen. Er offenbart meisterlich und wunderbar die Gegenwart Gottes."

(Yehudi Menuhin)

*

„Bede Griffiths ist eine Quelle der Inspiration und Ermutigung für viele auf der Welt. Er ist ein Mystiker, der mit absoluter Liebe und Schönheit in Verbindung steht."

(Kardinal Basil Hume OSB,
ehem. Erzbischof von Westminster, London)

*

„Seine Vision hat ihm den Weg gewiesen, Herz und Verstand der Menschen zu öffnen für den Frieden und die Einheit, welche aus dem Verständnis und der gegenseitigen Anerkennung der großen Religionen erwachsen."

(S.H. XIV. Dalai Lama)

*

„Wahre Geistesgröße zeigt sich als Begabung zur Ehrfurcht. Spürsinn auch für Heiliges in fremden Formen, nicht nur in provinziell vertrauten, das gehört zu jener Geistesgabe, welche die Alten ‚Gottesfurcht' nannten. Mehr als 30 Jahre durfte ich Dom Bede um dieser Begabung willen bewundern."

(Bruder David Steindl-Rast O.S.B.)

*

„Bede Griffiths gehört zu den wenigen spirituellen Meistern unserer Zeit, von denen es leider zu wenig gibt."

(Raimon Panikkar)

Der Mensch und Mystiker Bede Griffiths als *Sannyasin*, als der sich der Welt völlig entsagende Mönch, April 1991.

Inhalt

Porträt von Bede Griffiths, September 1992 in Kreuth am Tegernsee.

Einleitung

Der heilige A U G E N B L I C K
BERÜHRUNGSPUNKT VON ZEIT & EWIGKEIT

Augenblick, ursprünglich das Blicken der Augen (lat.: **ictus oculi**), seit dem 16. Jahrhundert in der deutschen Sprache allgemein gebräuchlich entsprechend der Bedeutung von **Moment** (lat.: **momentum**), ist der entscheidende Punkt, der Wendepunkt, das **Jetzt**, der Zeitpunkt der Gegenwart zwischen Vergangenheit und Zukunft, der Berührungspunkt von Zeit und Ewigkeit, die **unio mystica,** das Einssein mit Gott.

Ewigkeit, (lat.: **aeternitas** und **sempiternitas**; gr.: **aion**; altindisch: **ayus**) ist die Lebensdauer, welche die ewige Zeit beinhaltet. Das der menschlichen Erfahrung der Vergänglichkeit verbundene Urerleben, daß es hinter oder in den werdenden und vergehenden Erscheinungen der Welt ein Dauerndes geben müsse, findet sich selbst bei sehr primitiven Stämmen. Ewigkeit als Unsterblichkeit des Menschen lehrt mehrfach das Neue Testament. Der deutsche Philosoph **Johann Gottlieb Fichte**, unmittelbarer Nachfolger von **Immanuel Kant**, sagte sehr bezeichnend:

„Das Leben der Individuen gehört nicht unter die Zeiterscheinungen, sondern ist schlechthin ewig, wie das Leben selbst. Wer da lebt, wahrhaftig lebt, im ewigen Zwecke, der kann niemals sterben: denn das Leben selbst ist schlechthin unsterblich. Diese innere Ewigkeit aber habe sich im Hiesigen (Gegenwart) zu bewähren. Durch bloßes Sichbegrabenlassen kommt man nicht in die Ewigkeit.“

Wir leben zum Großteil immer noch in einer dualistischen Welt, wo die Gegensätze den Zugang zum Augenblick, zur Ewigkeit im Hier und Jetzt versperren. Ein unüberbrückbares Hindernis ist die völlig verkehrte Vorstellung von **LEBEN und**

TOD als bipolare Wirklichkeit. Leben kann niemals das Gegenteil von etwas sein, denn Leben ist ewig, ohne Anfang und ohne Ende, der paradiesische Bereich immerwährender Präsenz Gottes.

Wir müssen die Dualität von Geburt und Tod überwinden, um in den Bereich des ewigen Lebens endgültig zu gelangen.

Viele Menschen spüren, daß ein neues Zeitalter anbricht, daß ein geistiges Erwachen notwendig ist, um auf dem Planeten Erde in friedlicher Koexistenz glücklich leben zu können. Wir müssen versuchen, endlich **anzukommen**. Und wenn man das in dem Substantiv **Zukunft** enthaltene Verb **kommen** logisch und konsequent benutzt, dann ist:

Vergangenheit	=	Herkunft
GEGENWART	**=**	**ANKUNFT**
Zukunft	=	Zukunft

Hierzu hat der englische Benediktinermönch, Prophet und Weise **Bede Griffiths** (1906–1993) uns Gedanken hinterlassen, die uns Hoffnung und Zuversicht schenken:

Die Auferstehung ist mehr als das bloße Erscheinen Jesu vor den Jüngern nach seinem Tod. Die wahre Auferstehung ist die völlige Überwindung der Welt. Sie ist Jesu Übergang aus dieser Welt hin zum Vater. Es war kein Ereignis, das in Raum und Zeit geschah, sondern eine Reise jenseits von Raum und Zeit in die Ewigkeit, in die Wirklichkeit …

Wir müssen nicht auf unseren körperlichen Tod warten, sondern können bereits jetzt diese ewige Welt betreten.

Wir müssen dazu den äußeren Schein der Sinne und die inneren Konzepte unseres Verstandes verlassen und uns der Wirklichkeit Christi, dem auferstandenen Christus in uns öffnen …

Jesus verließ den Körper, um im Geist gegenwärtig zu sein. In der Kontemplation begegnen wir nicht dem körperlichen, sondern dem geistigen Christus. Die heutige Kirche ist dazu aufgerufen, die

Grenzen der Institutionen und Strukturen zu durchbrechen und sich selbst der Gegenwärtigkeit des Geistes, der in der Kirche und in jedem Christen ist, zu öffnen ...

Wir sind heute dazu aufgerufen, die Welt der Zeichen, Rituale und Symbole zu verlassen und in die neue Schöpfung einzutreten, eine neue Welt, die in allen großen Traditionen offenbar wird. Die Menschheit ist dazu aufgerufen, das Königreich Gottes zu betreten, Raum und Zeit zu überschreiten und in die ewige Wirklichkeit einzugehen.

Die Auferstehung ist ein zeitloser Vorgang. Sie ist der Übergang vom Alten in das Neue.

Weil Jesus aus dieser räumlichen und zeitlichen Welt in die ewige Wirklichkeit gegangen ist, ist er nun in Raum und Zeit vollkommen gegenwärtig.

Wenn man, wie Jesus in der Auferstehung, über den begrenzten Horizont von Raum und Zeit hinausgelangt ist, wird man in Raum und Zeit gegenwärtig. Gott ist überall, in allem gegenwärtig. In der Zeit gibt es einen Anfang, eine Mitte und ein Ende. Die Ewigkeit ist kein solches Fortschreiten.

Die Ewigkeit ist immer da, und sie ist gleichermaßen am Anfang, in der Mitte und am Ende gegenwärtig.

Wenn man stirbt, wechselt man nicht einfach in ein anderes Leben über, sondern man überschreitet die Schwelle zur ewigen Wirklichkeit, die man in seinem eigentlichen Sein bereits ist ...

Wenn der Mensch stirbt, beginnt sich der Körper abzulösen, sich von der Seele zu trennen. Die Psyche, die Seele, existiert dann noch eine Zeitlang weiter. Es gibt viele, die Nah-Todeserfahrungen hatten. Sie erlebten, daß sie zum Licht hingezogen wurden und dabei

*in einen feinstofflichen Leib übergehen. Es ist aber nur ein Sekundär-
stadium und nicht von Dauer. Es gibt keine Dauerhaftigkeit im
Körper, keine Dauerhaftigkeit in der Psyche (Seele). Man geht in
seinen Atman über, in seinen Geist, in die ewige Wirklichkeit, die
alle Zeit in uns ist. Jenseits des Körpers und der Seele ist die ewige
Wirklichkeit, das Göttliche, Gott – welchen Namen man ihm auch
geben mag – immer gegenwärtig …*

*Das Paradies ist die Zeit, in der wir uns einmal in totaler Einheit
befanden. Im Schoß der Mutter waren wir alle eins mit der Natur,
eins mit dem Leben, eins mit der ganzen Schöpfung. Im Fruchtwasser gebettet zu sein, war reine Wonne. Wir alle kommen aus
dieser Wonne heraus auf die Welt – und dort ist Mühsal und Kampf.
Wir beginnen zu denken, das Bewußtsein entwickelt sich und damit
kommen all die Unterscheidungen, so daß wir abgetrennt werden
und in Spannung geraten. Wir haben aber eine Erinnerung an diese
Einheit. Wir alle kommen aus dieser Einheit und haben das Verlangen, dorthin zurückzukehren, zurück ins Paradies …*
*Jenseits des Gesetzes ist die Liebe. Bei Paulus kommt dies wun-
derbar zum Ausdruck. Er war Pharisäer und hatte unter dem Gesetz gelebt, aber er erkannte, daß es sein Wachstum hemmte. Es
gelang ihm, mit dem Gesetz zu brechen und das Mysterium der
Gnade zu erfahren. Die Gnade ist ein ganz echtes Geschenk. Man
wird nicht gerettet, weil man gut und wohltätig ist. Man wird gerettet durch das echte Geschenk der Liebe, einer transzendenten,
bedingungslosen Liebe, die sich jedem öffnet, wenn man sich ihr
öffnet.*

*Darum besteht die Herausforderung, über das Ego hinauszu-
gelangen, über die Begrenzung des rationalen Denkens, und offen
zu sein für dieses verborgene Mysterium, das uns alle ruft. Dieser
Appell zur Grenzüberschreitung, zum heiligen Mysterium liegt hinter
allen Begrenzungen unseres menschlichen Lebens. Wenn man stirbt,
lösen sich sowohl Körper als auch Psyche auf, und der ewige Geist
(das Selbst) kehrt zurück zum ewigen Geist.*

Jenseits meines Körpers und meiner Psyche ist der Atman, der innewohnende Geist, und dort bin ich eins mit Gott. In der Tiefe meines Seins bin ich eins mit dem Ewigen.

Ich zitiere immer gern die wunderbaren Verse aus der Chandogya-Upanishad, die sehr bekannt sind:

In diesem Schloß des Körpers ist ein Schrein.
Und in diesem Schrein ist ein Lotus.
Und in dem Lotus ist ein kleiner Raum
Und was lebt dort in dem kleinen Raum
im Herzen des Lotus?
Das ist es eben, was wir herauszufinden haben.
Das ganze Universum ist in diesem kleinen Raum, weil
der Schöpfer, der Ursprung von allem, im Herzen eines
jeden von uns ist.

Jeder von uns ist in der Tiefe seines (unseres) Seins eins mit diesem transzendenten Mysterium, aus dem das ganze Universum kommt – jenseits unseres Körpers mit all seinen Begrenzungen.

Ich glaube nicht, daß heutzutage ein ernsthaft nach Wahrheit und Wirklichkeit Suchender die Upanishaden außer acht lassen kann. Wir können diese Einsichten als Maßstab gebrauchen.

Es ist die Gegenwart Gottes,
die Wahrheit, die Wirklichkeit,
welchen Namen wir ihr auch geben,
die das Universum durchdringt.

Eines der größten musikalischen Wunderkinder unseres Jahrhunderts, der im Jahre 1916 in New York geborene **Yehudi Menuhin**, hat den Mönch und Mystiker **Bede Griffiths** auf unübertreffliche Weise charakterisiert:

„Er ist ein authentischer Zeuge für die Weisheit der großen Religionen. Er offenbart meisterlich und wunderbar die Gegenwart Gottes."

Dieses Zeugnis über einen Benediktinermönch aus dem Munde eines Nicht-Christen, eines für den Weltfrieden mit ständigem persönlichen Einsatz engagierten Mannes, veranlaßt zu größtem Respekt und aus tiefstem Herzen kommender Dankbarkeit. **Lord Yehudi Menuhin**, der bis kurz vor seinem Tode am 12. März 1999 neben zahlreichen Aktivitäten noch über 100 Konzerte pro Jahr in allen Teilen der Erde dirigierte, vermittelte einen Grad von Spiritualität, der seinesgleichen sucht. Bei einer unserer zahlreichen persönlichen Begegnungen sagte er meiner Frau und mir, daß offenbar Bede Griffiths die Brücke zu unserer Verbindung bilde.

Als **Yehudi Menuhin** im April 1929, in einer für Deutschland sehr krisenhaften Zeit, in Berlin zum ersten Mal auftrat und an einem Abend drei Violinkonzerte – **Bach, Beethoven** und **Brahms** – spielte, äußerte sich nach dem überwältigenden Konzert **Albert Einstein** mit den Worten:
„Jetzt weiß ich, daß Gott existiert".

Yehudi Menuhin und Bede Griffiths verbindet die ausgeprägte Liebe zu den schönen Künsten und die Leuchtkraft göttlicher Manifestation.

Bede Griffiths, der sich erst im Alter von fast 50 Jahren auf den Weg nach Indien machte und dort bis zu seinem Tod am 13. Mai 1993 lebte, hat durch sein Wirken für die Versöhnung der Menschheit und ihrer Religionen ein unschätzbares Fundament geschaffen und ein reiches Vermächtnis hinterlassen.

Das Jahr 1992, Bede Griffiths war jetzt 85 Jahre alt, stand erneut im Zeichen internationaler Reisen und diversen Publikationsvorbereitungen. Mitte März kam Bede Griffiths zum 4. Male seit 1990 für einige Wochen zu uns nach Kreuth am Tegernsee. Unmittelbar nach seiner Ankunft besuchten wir im **Münchner Prinzregententheater** eine Vorstellung mit indischen Tänzerinnen, die Bede Griffiths sehr faszinierte. Obwohl

Bede Griffiths an seinem Schreibtisch im Ashram.

noch geschwächt von einer fiebrigen Erkältung und ohne Ruhepause seit seiner Ankunft läßt er sich es nicht nehmen, die Künstlerinnen bis kurz vor Mitternacht im persönlichen Gespräch zu ihren glanzvollen Leistungen zu beglückwünschen.

Nach diversen Vortragsveranstaltungen im Raum München, flogen wir für nur 1 Tag zu Fernsehaufnahmen nach Madrid, hatten mit unserem gemeinsamen Freund **Raimon Panikkar** sehr gesprächsintensive Stunden, kehrten kurzzeitig nach Deutschland zurück, um dann Anfang April zusammen mit meiner Frau Christiane zur naturwissenschaftlichen Konferenz **„Light and Mystics"** nach Winchester/England zu fahren. Namhafte Referenten aus aller Welt und über 700 Besucher erwarteten Bede Griffiths als den Hauptredner der Tagung. Als wir in Londons großem Bahnhof Waterloo Station den Zug nach Winchester besteigen, erzählt Bede Griffiths auf der 2stündigen Fahrt von seinen Kindheitserlebnissen.

Es war genau die Gegend, in der er aufgewachsen war, und an jeder Haltestelle kamen ihm Erinnerungen aus der Vergangenheit. Englands Geschichte in der Zeit des 1. Weltkriegs wurde lebendig.

Bede Griffiths wurde zum beeindruckenden Höhepunkt der internationalen Konferenz. Jeder war zutiefst angerührt und fühlte sich durch die Worte des Meisters und Weisen verwandelt.

Am 13. April werden **Bede Griffiths**, Benediktinerpater **Laurence Freeman** (Gründer und Leiter der World Community for Christian Meditation) und ich in Privataudienz von **S.E. Kardinal Basil Hume**, Erzbischof von Westminster Cathedral, in London empfangen. Basil Hume, selbst Benediktiner, verfolgte seit Jahren mit großer Anerkennung das Wirken seines Mitbruders in Süd-Indien. Der englische Kardinal, in offensichtlich guter Laune, berichtet sehr offenherzig über die Probleme der Kirche und erläutert seinen persönlich engen Handlungsspielraum in der Ausübung seines Amtes. Im Vergleich zu anderen europäischen Kardinälen und Bischöfen zählte Basil Hume (1923–1999) zu den mutigen und engagiert dem Menschen zugewandten Kirchenfürsten.

Am Abend desselben Tages steht ein Vortrag von Bede Griffiths in **St. James** Church in Piccadilly Street auf dem Programm. Nach Aussage des Hausherrn hat diese altehrwürdige anglikanische Kirche in der City von London in den vergangenen Jahrzehnten nicht annähernd so viele Besucher verzeichnet wie an diesem Abend. Manche Zuhörer hielten sich förmlich an den Orgelpfeifen fest; der gesamte Kirchenraum war restlos überfüllt. Bede Griffiths betrat den Altarraum, saß auf einem einfachen Stuhl und sprach 90 Minuten ohne jegliches Skript klar und visionär wie ein Prophet. Es herrschte atemlose Stille, eine paradiesische Atmosphäre von Frieden, Gelöstheit, Klarheit, Schönheit und Heiligkeit wurde lebendig spürbar. Es war Bede Griffiths, letztes öffentliches Erscheinen in seinem Heimatland; genau 13 Monate später starb er.

2 Tage später flog Bede Griffiths zunächst nach Indien zurück, um in seinem Ashram mit seiner Gemeinschaft das Osterfest zu feiern. Unmittelbar danach begab er sich erneut auf Weltreise, von der er erst im Oktober heimkehren sollte.

Von Madras führte der Weg über Hongkong zunächst nach Perth/Australien, wo er zusammen mit **S.H. XIV. Dalai Lama** bei einer öffentlichen Veranstaltung von mehr als 20.000 Menschen erwartet wurde.

Der **Dalai Lama** schildert sehr eindrucksvoll seine letzte Begegnung mit Bede Griffiths: *„Ich habe davon gehört, daß es in den frühen Tagen der christlichen Kirche viele Anzeichen dafür gibt, daß der Glauben an die Wiedergeburt, der jetzt im christlichen Denken keinerlei Rolle mehr spielt, ein anerkannter Glauben war. In den Lehren der Frühkirche gibt es bestimmte Teile, die man dahingehend auslegen könnte, daß ein Wiedergeburtsglauben mit dem christlichen Glaubensbekenntnis vereinbar sei. Darum habe ich mir die Freiheit genommen, über diesen Punkt mit verschiedenen christlichen Priestern und führenden Vertretern der Kirche zu sprechen – natürlich hatte ich nicht die Gelegenheit, Seine Heiligkeit Papst Johannes Paul II. direkt zu fragen. Ansonsten habe ich jedoch viele verschiedene praktizierende Christen und christliche Priester darüber befragt. Sie alle haben mir ziemlich einhellig gesagt, daß die christliche Lehrauffassung diesen Glauben an die Wiedergeburt nicht akzeptiert. Allerdings hat man mir keinen speziellen Grund dafür genannt, weshalb die Vorstellung der Wiedergeburt im weiteren Kontext des christlichen Glaubens und seiner Ausübung keinen Platz hat. Im Mai 1992 jedoch, in Australien, bei meiner letzten Begegnung mit Pater Bede Griffiths (ich habe ihn bei verschiedenen Gelegenheiten getroffen), richtete ich diese Frage an ihn. Unsere Begegnung habe ich noch lebhaft vor Augen. Er trug seine safrangelben Sadhu-Gewänder, und es war ein sehr bewegendes Treffen.*

Bede Griffiths sagte mir:

„Wenn man von der Wiedergeburt überzeugt ist, so würde dies vom christlichen Standpunkt aus den Nachdruck auf den eigenen Glauben und seine Praxis untergraben. Wenn Sie glauben, daß dieses Leben, Ihr individuelles Dasein, direkt vom Schöpfer erschaffen wurde und wie ein Geschenk direkt von ihm kommt, wird dadurch zugleich ein ganz spezielles Band zwischen Ihnen als einem individuellem Geschöpf und dem Schöpfer geknüpft. Es besteht eine direkte, per-

sönliche Verbindung, die Ihnen ein Gefühl der Nähe und eine Ver-
trautheit mit Ihrem Schöpfer gibt. Ein Glauben an die Wiedergeburt
würde diese besondere Beziehung zu Ihrem Schöpfer untergraben."
Ich fand diese Erklärung zutiefst überzeugend.

Unmittelbar nach seiner Begegnung mit dem **Dalai Lama**
in Australien schreibt mir **Bede Griffiths** mit Datum vom
2. Mai 1992 einen langen Brief und berichtet u. a.: *„Mein lieber*
Roland, es wird Dich interessieren, daß ich hier in Perth einen höchst
interessanten Dialog mit dem Dalai Lama hatte. Der Dalai Lama
sprach über Frieden, Liebe und gegenseitiges menschliches Verste-
hen und machte auf die Zuhörer einen großen Eindruck. Er spricht
mit großer Einfachheit und Aufrichtigkeit aus dem Herzen und hat
offensichtlich alle anwesenden Menschen hier berührt. Wir hatten
ein langes, persönliches Gespräch, wir diskutierten über das Thema
***advaita** (Sanskrit: Nicht-Dualität), und ich legte ihm die mysti-*
sche Tradition des Christentums dar. Verständlicherweise weiß er
darüber sehr wenig, und so war er zutiefst interessiert. Wir hatten
einen außergewöhnlichen Verständigungsgrad erreicht, er rückte nah
an mich heran, hielt meine Hand und umarmte mich. Ich denke, es
bedeutete sehr viel für ihn zu erfahren, daß ein Christ so offen für
das Transzendente sein kann. Er hält immer das Christentum für
eine Religion mit einem persönlichen Schöpfer Gott und versteht
nicht, daß wir über Gott hinaus zur Gottheit vordringen können. …
Ich nehme an, daß meine Darlegungen ihn tief berührt haben. … Er
ist natürlich freundlich und liebevoll zu jedem, aber zwischen uns
war etwas Besonderes. … Alles in allem war die Erfahrung einzig-
artig, und ich fühle, daß wir ein sehr tiefes gegenseitiges Verständ-
nis erreicht haben. …"

Nach der Zusammenkunft in Perth begann für Bede Griffiths
ein mehrwöchiges Australien-Programm, danach verbrachte
er $3^{1}/_{2}$ Monate in den USA. Seine umfangreiche Korrespondenz mit mir hatte sich über die Jahre zu einem Brief-Schatz
angehäuft, der ein ganzes Buch füllen würde. Bede Griffiths

hat mir nicht nur mündlich, sondern oft auch schriftlich sein Innerstes anvertraut, wofür ich ihm unendlich dankbar bin.

Das Buchmanuskript zu seinem letzten großen Werk **UNIVERSAL WISDOM – A Journey through the Sacred Wisdom of the World**, an dem wir seit September 1990 gemeinsam gearbeitet hatten, war nahezu fertiggestellt. Per Brief und Fax hatten wir in den Sommermonaten 1992 zwischen Europa und USA eine Fülle von Korrekturen ausgetauscht. Anfang September flog ich nach Kalifornien, um Bede Griffiths auf der letzten Etappe seiner USA-Reise zu begleiten. In San Francisco gründeten wir in seinem Beisein den **BEDE GRIFFITHS TRUST**, und nach Vorträgen in Chicago, Kalamazoo, Three Rivers und im Vivekananada Monastery in Ganges/Michigan flogen wir am 13. September von Chicago über London nach München. Bei uns in Kreuth erholte sich Bede Griffiths zunächst von dem anstrengenden Amerika-Programm der vergangenen 12 Tage und arbeitete bereits wieder an neuen Manuskripten, die er mir zur späteren Veröffentlichung übergab. Mit beneidenswerter Disziplin und Hingabe erledigte er täglich seine Korrespondenz von Minimum 20 Briefen und Postkarten pro Tag. Er war ein Meister in der umgehenden Beantwortung der eingehenden Post.

Anläßlich eines sonnigen Herbstspaziergangs nach Wildbad Kreuth formulierte er am 22. September 1992 seine letztgültige Fassung des Begriffs **Kontemplation:**

> *„Kontemplation ist das Erwachen*
> *zur Gegenwart Gottes*
> *im Herzen des Menschen*
> *und im uns umgebenden Universum.*
> *Kontemplation ist:*
> *Erkenntnis im Zustand von Liebe.“*

Bede Griffiths hat das von 1.250 Jahren benediktinischer Tradition geprägte Tegernseer Tal im Sinne des Ordensgründers

Benedikt von Nursia durch seine mystische Erfahrung und hoffnungsfrohe Botschaft mit einem himmlischen Impuls versehen.

Ende September fand unter der Leitung von Bede Griffiths in Salzburg ein 2tägiges Zusammentreffen von Vertretern der Weltreligionen statt. Dieses Ereignis ist noch heute vielen Besuchern in eindrucksvollster Erinnerung. Am Abend des 25. September zunächst eine feierliche Liturgie in der Universitätskirche, bei der auch der Benediktinermönch **David Steindl-Rast** aus Kalifornien zu Gast war. Anschließend hält Bede Griffiths in der überfüllten Aula der Alten Universität einen großen Vortrag zur Versöhnung der Weltreligionen. Am Nachmittag des 26. September steht im romanischen Saal des Benediktinerstifts St. Peter in Salzburgs Altstadt ein mehrstündiger Dialog mit den Zuhörern auf dem Programm. Bei dieser Gelegenheit konnten alle Herzensfragen vorgetragen werden; der Meister hatte für jeden eine Antwort und konnte viele Probleme und Zweifel leicht aus dem Weg räumen.

3 Tage später, am 29. September 1992, Bede Griffiths letzter öffentlicher Auftritt in München. Vor mehr als 800 Besuchern führt der weise Mönch des **Sat-Chit-Ananda** (Sanskrit: Sein – Bewußtsein – Glückseligkeit) Ashrams Shantivanam in der Münchner Benediktiner-Abteikirche St. Bonifaz einen Dialog mit dem englischen Naturwissenschaftler **Rupert Sheldrake** über das Thema **Engel**. Sheldrake, der von verschiedensten Kreisen als der **Galileo Galilei** des 20. Jahrhunderts bezeichnet wird, fasziniert seit Jahren durch seine Theorie der morphogenetischen Felder. Als er Ende der 70er Jahre zum weiteren Studium nach Hyderabad/Indien ging, berichtete ihm jemand über den englischen Benediktinermönch Bede Griffiths, der im Süden des Landes in einem kleinen Ashram lebte. Als Sheldrake in Shantivanam ankam und dem Meister begegnete, beschloß er einige Wochen zu bleiben, und es wurden fast 18 Monate. In der besonderen Schwingungs-

atmosphäre des Ashrams schrieb Rupert Sheldrake sein bahnbrechendes Buch **Das schöpferische Universum**, das er Bede Griffiths widmete. Heute ist er Bestsellerautor und weltweit auf internationalen Konferenzen und Kongressen gefragter Naturwissenschaftler.

Sheldrake's großer Wunsch war stets, einmal mit Bede Griffiths zusammen in der Öffentlichkeit einen Dialog zu führen. Wir konnten **Rupert**, den ich Anfang September noch in Big Sur/Kalifornien traf, kurzfristig zu uns einladen und diesen Wunsch erfüllen. Am Tag des hl. Michael fand in München das legendäre Gespräch über die Engel statt, ein funkelndes Ereignis im schöpferischen Universum für jeden, der dabei gewesen ist. Seit Jahren beschäftigte sich Bede Griffiths mit dem Gedankengut des englischen Physikers **David Bohm**, der als Einstein-Schüler und Bewunderer **Krishnamurtis** sehr bewegende Theorien über die implizite Ordnung entwickelt hatte. Bede Griffiths wollte nach Möglichkeit David Bohm auf seiner Rückreise nach Indien in London besuchen. Meine Frau und ich hatten den bescheidenen und sympathischen Physiker zuletzt im September 1990 in Amsterdam getroffen. Den Besuchstermin in London für Anfang Oktober konnte ich schnell arrangieren, doch plötzlich verschlechterte sich der Gesundheitszustand von Bede Griffiths, daß es ihn zur sofortigen Abreise nach Madras mit einem Zwischenstop in Rom drängte.

Am 6. Oktober verließ Bede Griffiths München, aber noch am Flughafen besprachen wir unsere weiteren Pläne, zumal wir unsere Familienreise in den Ashram für Dezember bereits gebucht hatten. Bede Griffiths kam nach den Strapazen der vergangenen Monate wohlbehalten in seinem indischen Zuhause an und entwickelte schnell wieder neue Reisepläne. Ende Oktober mußte ich für einige Tage nach London und erfuhr bei einem Besuch bei Freunden, daß **David Bohm** am 28. Oktober plötzlich gestorben war. Bohm arbeitete an jenem Tag in der Universität und rief gegen Mittag seine Frau an, daß er soeben die größte Entdeckung seines Lebens gemacht habe. Er wolle sich sofort ein Taxi bestellen, um ihr ausführlich zu berichten. Bei Ankunft vor seinem Haus stirbt David Bohm im Taxi und nimmt sein teuerstes Geheimnis mit ins Grab. Wie gern hätte sich der naturwissenschaftlich interessierte Bede Griffiths mit David Bohm Beobachtungen und Erfahrungen ausgetauscht.

Immer auf der Suche nach Büchern und Neuerscheinungen stieß ich in Watkins Bookshop auf ein förmlich druckfrisches Exemplar von **Sogyal Rinpoches THE TIBETAN BOOK OF LIVING AND DYING**, das erst vor wenigen Tagen auf den Buchmarkt gekommen war. In ahnungsvoller Voraussicht kaufte ich gleich 2 Ausgaben und begann noch in London das Studium des faszinierenden 400-Seiten-Werks. Beeindruckt hatte mich die Schönheit und Ästhetik der englischen Wortwahl und ich konnte mir kaum vorstellen, daß der Tibeter Sogyal Rinpoche, den ich von diversen Begegnungen kannte, inzwischen so exzellent die englische Sprache beherrschte, obgleich seine Englischkenntnisse ohne Frage hervorragend waren. Der Herausgeber des Buches, **Andrew Harvey**, sagte mir zu diesem Zeitpunkt nichts. Zusammen mit unserem knapp 3jährigen Sohn Benedikt fliegen meine Frau und ich Mitte November zunächst für 2 Wochen nach Sri Lanka. Auf diversen Exkursionen ins Landesinnere der traumhaften Pazifikinsel besuchen wir am 30. November bei Sonnenaufgang eine der schönsten Buddha-Statuen der Welt, **Gal Vihara** in Polonnaruwa, 3 Autostunden nördlich von Kandy. Beim Anblick dieser Buddhas erlebte der berühmte Trappistenmönch **Thomas Merton** (1915–1968) Anfang Dezember 1968 seine große Erleuchtung. Und er schreibt in sein Tagebuch:

„Als ich diese Figuren betrachtete, wurde ich plötzlich fast mit Gewalt aus der üblichen, halbgebundenen Sicht der Dinge gerissen, und eine innige Klarheit, Helligkeit, die aus den Felsen zu strömen

schien, wurde spürbar sichtbar. Die verrückte Offensichtlichkeit der liegenden Figur, das Lächeln Anandas, der mit verschränkten Armen dasteht (viel imperativer als da Vincis Mona Lisa, weil völlig einfach und geradeheraus). Das ist es: da ist kein Rätsel, kein Problem und wirklich kein Mysterium. Alle Probleme sind gelöst, und alles ist klar, einfach deshalb, weil das, was wichtig ist, klar ist. Der Felsen, alle Dinge, alles Leben ist voller Dharmakaya... alles ist Leere, und alles ist Mitleiden. Ich weiß nicht, wann ich in meinem Leben je so ein Gefühl von Schönheit und spiritueller Stärke in einer ästhetischen Illumination habe zusammenlaufen sehen. Mit Mahabalipuram und Polonnaruwa ist meine asiatische Pilgerreise ganz sicher klar geworden und hat sich selbst gereinigt. Ich meine, ich kenne und habe gesehen, wonach ich dunkel gesucht habe. Ich weiß nicht, was noch auf mich zukommt, aber jetzt habe ich unter die Oberfläche geschaut, habe mich hindurchgebohrt, und ich bin durch Dunkelheit und Verborgenheit hindurchgelangt. Dies ist Asien in aller Reinheit."

Nur wenige Tage später, am 10. Dezember 1968 stirbt **Thomas Merton** im Alter von nur 53 Jahren an den Folgen eines elektrischen Stromschlags in Bangkok. Anläßlich einer asiatischen Mönchskonferenz, an der u. a. auch der damals schon 70jährige deutsch-japanische Jesuit und Zen-Meister **H.M. Enomiya-Lassalle** (1898–1990) teilnahm, hatte der durch seine zahllosen Publikationen international bekannte **Trappist Father Louis** – so nannten ihn seine Mitbrüder von **Gethsemani Abbey** in Kentucky/USA – den letzten Vortrag seines Lebens zum Thema *„Marxismus und Perspektiven des Mönchtums"* gehalten. Bede Griffiths war einige Male mit Thomas Merton in Amerika zusammengetroffen, bewunderte seine Schreib- und Redebegabung, bemängelte aber gleichzeitig seinen Mangel an Disziplin. Pater Lassalle, der mit Merton bezüglich praktischer Fragen der Zen-Praxis zuvor korrespondierte hatte, traf den in Amerika verehrten Trappistenmönch erst- und letztmalig in Bangkok und war nicht sonderlich beeindruckt. Ich hatte schon in den 80er Jahren fast sämtliche Publikationen von Thomas Merton studiert und war besonders von seinem Erlebnis in Polonnaruwa tief berührt und spürte seitdem eine Sehnsucht, Gal Vihara zu besuchen. Mit amerikanischen Mitbrüdern von Merton bin ich wiederholt zusammengekommen, habe mit ihnen viel über die großartige Beschreibung der Erleuchtungserfahrung von Thomas gesprochen, aber keiner von ihnen war jemals auf seinen Spuren nach Sri Lanka gereist. Thomas Merton war ein ruhe- und rastloser Gottsucher, der in seinem wunderschönen Kloster in Kentucky vergeblich um die Erleuchtung rang. Bede Griffiths befand sich, und das zeigt seine Lebensgeschichte, bei aller ernsthafter Suche stets im inneren und äußeren Gleichgewicht. Wer seine Bücher liest und die mit ihm und über ihn gemachten Filme anschaut, wird augenblicklich von seiner von Sicherheit und Schönheit bestimmten Balance berührt.

Thomas Merton hingegen widerspiegelt und bestätigt den unaufhörlichen, vielfach ruhelosen und schmerzvollen Prozeß der Suche nach Gott und letztgültiger Wirklichkeit.

Seit 1990 bin ich einige Male in Polonnaruwa gewesen und habe diesen Frieden und Glückseligkeit ausstrahlenden Platz ähnlich wie Thomas Merton empfunden. In meinem Arbeitszimmer hängt eines meiner schönsten Fotos, wo unser kleiner Sohn **Benedikt** ganz allein, fröhlich spielend vor den wunderschönen Buddha-Figuren zu sehen ist. Ich bin sicher, daß ihn die Eindrücke in Sri Lanka, später in Indien, Ladakh und Australien, im Innersten für sein weiteres Leben geprägt haben.

Am 1. Dezember fliegen wir von Colombo nach Tiruchirapalli /Süd-Indien, von dort noch 1 Stunde Autofahrt zum Sat-Chit-Ananda Ashram im Dorf Tannirpalli am River Cauvery, wo wir von Bede Griffiths und der Ashram-Gemeinschaft bereits erwartet werden. Bede Griffiths ist zum Glück in glänzender Verfassung und diskutiert bereits unmittelbar nach unserer Ankunft neue Vorhaben mit uns. Das nächste Reiseziel soll Olympia/Griechenland sein, wo wir zum Neujahrsfest 1993 zu einer internationalen Konferenz als Referenten erwartet werden. Am 2. Dezember besorgen **Father Christudas** und ich die Flugtickets, zunächst für den 27. Dezember: Madras-Frankfurt-München und nach 3tägiger Erholungspause in Kreuth Weiterflug nach Athen und Olympia.

Unser Gastgeschenk, ein Exemplar von Sogyal Rinpoches Buch, liest Bede Griffiths in einer Nacht vollständig durch, ist glücklich, fasziniert und inspiriert. Als er die ersten Seiten des Buches nochmals anschaut und auf den Namen des Herausgebers stößt, sagt er plötzlich:

„Andrew Harvey wird in den nächsten Tagen mit einem australischen Filmteam anreisen, um in Interviews mit mir die Stationen meines Lebens zu dokumentieren. Ich persönlich kenne Andrew Harvey bislang nicht."

Sehr erlebnisreiche Tage im Ashram folgten. Unser Sohn war zum ersten Mal in Indien, ist von den Affen begeistert und schaut gebannt den Kokosnusspflückern zu, die barfüßig in rasantem Tempo die Palmen emporklettern. Das lebendige Treiben in den Dörfern und Städten, die oft unerträgliche Lautstärke auf den Straßen, die Farbenvielfalt, Armut und Elend und vieles andere mehr müssen wahrgenommen und verarbeitet werden.

Am 4. Dezember 1992 (genau an diesem Tag vor 24 Jahren hatte Thomas Merton in Polonnaruwa sein Erleuchtungserlebnis) empfängt der am 31. Januar 1990 in Tegernsee geborene Benedikt während der morgendlichen Eucharistiefeier im Ashram aus den Händen von Bede Griffiths die erste heilige Kommunion. **Bede Griffiths, Father Christudas, Sister Marie-Louise** und **Sister Valsa** haben in einem offiziellen Dokument dieses Ereignis bestätigt und besiegelt. Dieser segensreiche Tag wird unseren Sohn durch sein Leben begleiten und

Eucharistiefeier in der Ashramkapelle, November 1989.

Weihe von Roland R. Ropers zum Oblaten (Laienmönch) durch Bede Griffiths, 15. Dezember 1991 am Ufer des Cauvery River.

ihn hoffentlich vor Einflüssen schützen, die ihn von Gott und dem ewig paradiesischen Zustand zu trennen versuchen. (Am 18. März 1990 wurde Benedikt von **Raimon Panikkar** getauft). Am 8. Dezember, dem Erleuchtungstag Buddhas, feiern meine Frau und ich im Kreise der Familie und engster Freunde unseren Hochzeitstag. Bei dieser Gelegenheit sagte Bede Griffiths, daß Kreuth für ihn zur zweiten Heimat geworden ist und er sich auf baldige Rückkehr in die oberbayerischen Alpen freue.

Am Tag darauf reist das Filmteam aus Australien an. Wir kommen sehr schnell in intensivste Gespräche mit **Robin Wood, John Swindells** und **Andrew Harvey**, mit denen uns seither eine enge Freundschaft verbindet. Das Vorhaben klingt gewaltig, denn in nur 10 Tagen will das Team in langen Interviews mit Bede Griffiths und Aufnahmen vor Ort das ereignisreiche Leben des Mönchs, Propheten und Weisen einfangen. **Andrew Harvey**, der im indischen Coimbatore geborene und in England erzogene Schriftsteller, mystische Poet und glanzvolle Erzähler, soll Bede Griffiths' Leben im Gespräch zum Leuchten bringen. Die allererste Begegnung zwischen dem jungen Andrew und dem alten Meister Bede Griffiths gestaltet sich zu einer wechselseitigen Liebeserklärung. Andrew Harvey, der jüngste Oxford-Absolvent in der Geschichte der weltberühmten Universitätsstadt, sprüht vor Heiterkeit, Vitalität, Sensibilität und beeindruckt durch seine außergewöhnliche Intelligenz und sein glänzendes Wissen. Auch er hat ein Gastgeschenk für Bede Griffiths, das von ihm persönlich in ein sprachliches Kunstwerk verwandelte Buch von Sogyal Rinpoche, welches 9 Monate später in Deutschland unter dem Titel **Das Tibetische Buch vom Leben und Sterben – ein Schlüssel zum tieferen Verständnis von Leben und Tod** erschien. Seither ist dieses Buch ein in viele Sprachen übersetzter Longseller, in Frankreich führte es über Monate die Bestsellerliste an.

Andrew war überrascht, daß Bede Griffiths dieses erst vor wenigen Wochen in England herausgebrachte Buch bereits in den Händen und vollständig gelesen hatte. Und sogleich begannen sie einen Dialog über das 20. Kapitel des Buches **Die Nahtod-Erfahrung – eine Himmelsleiter?**, wo ein höchst-interessanter Bericht des englischen Mönches **Bede** aus dem 8. Jahrhundert nachzulesen ist. Und in den Schlußbetrachtungen dieses spirituellen Neo-Klassikers wird David Bohms naturwissenschaftliche Sichtweise des Universums besonders anerkennend hervorgehoben.

Zwei Oxford-Absolventen begegnen sich, harmonieren spontan miteinander und öffnen ihre Herzen.

Am 10. Dezember machen Andrew Harvey und ich einen längeren Spaziergang am Flußufer. Wir verstehen uns sofort und teilen unsere Liebe für Bede Griffiths. Andrew berichtet von seinen zahlreichen Reisen in Klöster und zu Meistern und ist zutiefst davon überzeugt, in Bede Griffiths einen ganz großen Mystiker und Heiligen getroffen zu haben. Am Nachmittag dieses Tages halte ich für die Ashram-Besucher einen Vortrag über Leben und Werk von Thomas Merton, dessen Todes wir am 10. Dezember gedenken. Unser Sohn Benedikt hat interessanterweise am selben Tag Geburtstag wie der am 31. Januar 1915 im süd-französischen **Prades** zur Welt gekommene **Thomas Merton**. Prades ist später durch die alljährlichen Musik-Festivals mit dem Cellisten **Pablo Casals** weltweit bekannt geworden.

Bede Griffiths, der während des Vortrags neben mir saß, war sehr zufrieden, daß Mertons beachtliches Lebenswerk immer wieder neu betrachtet und gewürdigt wird.

Am Abend beginnen die Vorbereitungen für eine intensive Filmwoche. An manchen Tagen steht Bede Griffiths 8 Stunden und mehr zu Gesprächen und Drehszenen geduldig wie auch äußerst angeregt zur Verfügung. Der feinfühlige Poet und Oxfordgelehrte Andrew Harvey spricht und versteht wie kein

anderer die nuancenreiche Sprache des englischen Benedikti-
nermönchs, der nun in Indien seine Heimat gefunden hat.
Andrew öffnet auf zauberhafte Weise sämtliche Schatztruhen
des Meisters und läßt durch sein Mitwirken die Schönheit und
Strahlkraft von Dom Bede Griffiths unaufhaltsam aufleuch-
ten. Die offensichtlichen Strapazen, die ständige Präsenz und
Leistungsbereitschaft über Tage verkraftet Bede Griffiths im
Zustand freudigster Erregung erstaunlich mühelos. Alle stau-
nen über sein phänomenales Gedächtnis. Nahezu jede Text-
passage zahlreicher Bücher rezitiert er auswendig.

Wir müssen leider am 11. Dezember nach Europa abreisen,
freuen uns schon auf das gemeinsame Neujahrsfest mit Bede
Griffiths in Griechenland und verabreden uns mit unseren
neuen Freunden Andrew Harvey, Robin Wood und John
Swindells zum Wiedersehen 1993 in London und Amerika.

Am 21. Dezember erreicht uns aus dem Ashram ein Tele-
fonanruf, daß Bede Griffiths am Tag zuvor, dem 4. Advent,
mit einem schweren Schlaganfall und einer Halbseitenlähmung
ins Child Jesus Hospital in Tiruchchirapalli eingeliefert wurde. Die letztlich doch kräfteverzehrenden Filmaufnahmen
hatten noch einmal sämtliche Vitalreserven des Mönchs und
Mystikers Bede Griffiths mobilisiert. Das strahlende Lebens-
licht beginnt zu verlöschen.

Am 19. Dezember war das Filmteam zufrieden abgereist,
plante aber möglicherweise noch einmal Anfang 1993 zu kommen. Wir mußten aufgrund der Lage die Griechenland-Kon-
ferenz und auch bereits zugesagte Termine in London sofort
absagen. Bede Griffiths sollte Mitte Januar aus der Hand des
englischen Kardinals Basil Hume eine sehr hohe Auszeichnung
entgegennehmen, den **John Harriott Memorial Award**. Der
mit 2.000 englischen Pfund dotierte Preis wird für herausra-
gende Publikationen im Bereich religiöser Literatur vergeben.
Ständig stehen wir in Telefon- und Fax-Verbindung mit dem
Ashram in Indien wie auch mit London. Bede Griffiths hatte

sich schon sehr gefreut, seinen langjährigen Freund aus gemeinsamer Studentenzeit in Oxford, **Martin Skynner**, noch einmal zu treffen. Allein die bis 1992 geführte Korrespondenz der zwei begabten Meister der Feder ist ein Buch wert, das als ein mit Wortreichtum gefülltes, literarisches Schatzkästlein vielen Lesern Freude bereiten würde.

Am 24. Dezember erhalten wir aus dem Ashram ein Fax, daß Bede Griffiths aus dem Hospital zurückgebracht wurde, nach wie vor halb gelähmt und über weite Strecken ohne Bewußtsein sei. In wachen Augenblicken spreche er über die Verwandlung seines Körpers innerhalb der nächsten 5 Tage. Er sei sehr glücklich und habe 4mal nach Roland gerufen.

Noch am **Heiligen Abend** beschließen wir in unserer Familie, daß ich erneut nach Indien zurückfliegen werde. Am 27. Dezember geht meine diesmal umständliche und lange Reise von München über Frankfurt, Paris, New Delhi, Bombay nach Madras und anschließender 8stündiger Autofahrt in den Ashram, wo ich am späten Abend des 28. Dezember eintreffe. Bede Griffiths erkennt mich sofort, wir wechseln einige Worte, und ich schlafe auf dem Boden seiner kleinen Hütte zu seinen Füßen ein.

Am 29. Dezember ist Dom Bede über lange Strecken gut ansprechbar. Seine Lähmung ist offensichtlich, das Sprechen fällt ihm schwer, aber seine Gedanken sind von erstaunlicher Klarheit. Ich habe das Gefühl, er möchte noch einmal ganz wichtige Dinge artikulieren und uns hinterlassen. Die Atmosphäre in seiner unmittelbaren Nähe ist derart wohltuend und friedlich, daß ich seine Krankheit nicht als Bedrückung empfinde.

Der Ashram ist überfüllt mit Menschen aus aller Welt, die bevorzugt um die Weihnachtszeit nach Shantivanam kommen. Bede Griffiths sitzt einige Stunden des Tages in einem Rollstuhl vor seiner Hütte, spricht aber kaum ein Wort und schläft viel. Die restliche Zeit verbringen wir zusammen in einer Intensität und Intimität wie selten zuvor. Es kommt mir so vor, als wenn wir ein ganzes Leben in 3 Tagen zu vollenden hätten. Bede Griffiths spricht viel von seiner Kindheit und erinnert sich plötzlich mit Schrecken an seine Klosterzeit in England. Die kerkerhaften Mauern bekommen bedrohliche Wirkkraft für ihn, und der jüngste Kurzaufenthalt im Hospital hat ihn an ein Gefängnis erinnert. Er betrachtet in eindrucksvollen Bildern sein zu Ende gehendes irdisches Dasein und sagt wiederholt, daß nur die vergangenen 5 Jahre für ihn sinnvoll waren. Seine Liebeszuwendungen, die nicht unbedingt seiner englischen Herkunft und Disziplin entsprechen, bekomme ich in reichem Maße zu spüren. Der 6-qm-Raum seiner Wohn- und Schlafhütte ist ein einziges Lichtermeer. Es gibt eigentlich keine Fragen, die man stellen müßte, denn alles scheint wie gelöst: **coincidentia oppositorum**, die Aufhebung der Gegensätze, von der Bede Griffiths so oft gesprochen hat. Und immer wieder versucht er deutlich zu machen, daß zwar sein Körper und seine Seele leiden, nicht aber sein Geist. **Mahatma Griffiths**, der große Geist, der lebendige Atem, der Windhauch Gottes, der Wesensgrund von Dom Bede vereint sich mit dem göttlichen Wesensgrund.

Diese geschenkvollen Tage, die paradiesischen Augenblicke in der Nähe eines Heiligen werden mir in ewiger Erinnerung bleiben und veranlassen mich zu tiefster Dankbarkeit und Verantwortung für Bede Griffiths' Erbe.

Er übergibt mir sein Anfang Dezember beendetes und letztes handschriftliches Buchmanuskript **Pathways to the Supreme**, welches 1995 bei Harper Collins in London in Form eines Geschenkbuches erschien. Bede Griffiths autorisiert mich am 30. Dezember – seine Unterschrift ist trotz aller Behinderung unverändert gestochen scharf –, für ihn am 14. Januar 1993 in London den **John Harriott Memorial Award** entgegenzunehmen und die Dankesrede vorzulesen, die er in den nächsten Tagen konzipieren und diktieren wolle. Er legt mir weiterhin ans Herz, die **Gesellschaft zur Erneuerung des kontemplativen Lebens** mit Leben zu erfüllen und übergibt mir seine endgültige Fassung seines bereits in Kreuth angefertigten Dokuments.

Am Morgen des 31. Dezember nehme ich Abschied von Bede Griffiths, es sollte unsere letzte Begegnung sein. Er bat mich, in der von Father **Christudas** zelebrierten heiligen Messe die Predigt zu halten, und ich erinnere mich genau, wie ich von dem Platz aus, an dem Bede Griffiths gewöhnlich saß, in der überfüllten Kapelle des Sat-Chit-Ananda Ashrams über die tiefere Bedeutung von Opferung, Wandlung und Kommunion, den 3 wesentlichen Elementen der Eucharistiefeier sprach. Dieser 3fache Prozeß von **Opferung** (= Aufgabe des Egos, völlige Hingabe, engl: **total surrender**), **Wandlung** (= Verwandlung, Neuwerdung) und **Kommunion** (= gemeinsames Einswerden mit Gott, mit mir selbst und allen Menschen) ist ein ständiges trinitarisches Geschehen in jedem Augenblick unseres Lebens und kann nicht auf einen Sonn- oder Feiertagsgottesdienst verschoben und beschränkt werden. Wenn dieser göttliche Entfaltungsprozeß im Tiefsten erlebt und integriert wird, bekommt das Leben seine ureigentliche Bedeutung. Nicht traurig oder bedrückt, sondern beschenkt und glücklich fahre ich am Silvestermorgen mit dem Auto nach Madras. Ich erlebe noch kurz nach Mitternacht das Neujahrsfeuerwerk in Bombay und fliege in den frühen Morgenstunden des 1. Januar 1993 über Frankfurt nach München zurück. Neujahr 1993 auf 2 Kontinenten: Hochzeit von Ost und West!

4 Tage später erhalte ich aus Kulittalai, dem benachbarten Dorf des Ashrams ein langes Fax mit der von Bede Griffiths diktierten Dankesrede für den 14. Januar 1993 in London. Erneut ein Meisterwerk von bestechender Klarheit und kaum zu übertreffender Offenheit. London, für mich seit vielen Jahren meine zweite Heimat, erlebe ich an diesem winterlichen Donnerstag besonders intensiv. Auf einem langen Morgenspaziergang durch den Hyde Park bereite ich mich innerlich auf die Feierlichkeiten vor. Nicht weit von Londons berühm-

tem Kaufhaus **Harrods** entfernt, werden im Gebäude von **Independent Television Commission** ca. 200 geladene Gäste zum Lunch erwartet. **Kardinal Basil Hume** würdigt in feinsten Worten das Lebenswerk seines Mitbruders **Bede Griffiths**. Und dann lese ich die Dankesrede vor, aus denen ich nur wenige Passagen zitieren möchte:

„Wir kommen in ein neues Zeitalter. Der zentrale Punkt ist ein neues Verständnis des Universums, welches nicht länger als Bestehen von festen Teilchen, die sich in Raum und Zeit bewegen, wahrgenommen wird, sondern vielmehr als ein vom Bewußtsein durchdrungenes Energiefeld. Führend in dieser Entwicklung war der Physiker David Bohm, der als einer der ersten dem Bewußtsein im wissenschaftlichen Verständnis einen seriösen Platz eingeräumt hat. Auf dieser Ebene können sich Religionen künftig begegnen … Innerhalb des Christentums bleibt das Augenmerk auf das Geheimnis des Glaubens, welches Jesus das Mysterium des Königreichs Gottes nannte. Der einzigartige Wert des Christentums ist in seiner profunden historischen Struktur begründet. Die Menschwerdung Jesu ist ein einzigartiges historisches Ereignis und Jesus eine einzigartige historische Person. Er verwandelte die Welt, indem er den Kosmos mit seiner Materie und seinen Prozessen zurück zum Ursprung führte, in die transzendente Wirklichkeit, die er Vater nannte. Das ist einzigartig. Gleichzeitig liegen die wesentlichen Begrenzungen des institutionalisierten Christentums in seinem Exklusivanspruch, der seinen kulturellen Hintergrund im alten Judentum hat. Heute sind wir in der Lage, für alle religiösen Traditionen der Welt offen zu sein, wo wir die Einheit in der Tiefendimension, die alle gemeinsam haben, erfahren. Und dies ist selbstverständlich die mystische Dimension … Wenn die alten Strukturen zusammenbrechen und die traditionellen Formen verschwinden, dann tritt genau in diesem Chaos eine neue Form, eine Struktur, eine neue Seins- und Bewußtseins-Ordnung zum Vorschein …"

Unmittelbar nach dieser Rede bat ich **Kardinal Hume**, mir handschriftlich in wenigen Worten Bede Griffiths' Leben und

Wirken zu skizzieren. Dieses Zeugnis, welches zuvor kein hochrangiger Kirchenfürst in der Geschichte des Christentums über einen noch lebenden Mönch abgegeben hat, ist ein Beweis für die Einzigartigkeit eines herausragenden spirituellen Meisters unserer Tage: für den Menschen, den Mönch und den Mystiker Bede Griffiths:

„Ich habe vor Dom Bede Griffiths stets den höchsten Respekt gehabt. Wenn wir für ihn in Dankbarkeit für sein Leben beten, können wir nur in Bewunderung vor dem Weg stehen, auf welchem er sein ganzes Leben und im Gebet für uns die Ursprünge aller Religionen erkundet hat. Dom Bede ist eine Quelle der Inspiration und Ermutigung für viele Menschen auf der ganzen Welt. Dom Bede ist ein Mystiker, der in tiefer Verbindung zu absoluter Liebe und Schönheit lebt. Dom Bede denkt und schreibt wie ein Schüler von Christus."

Von London aus berichte ich Bede Griffiths umgehend von der Preisverleihung. Wenige Tage später erreicht uns aus Indien die traurige Nachricht von einem weiteren schweren Schlaganfall mit zusätzlichen Lähmungserscheinungen. Jetzt beginnt die endgültige Phase auf dem Weg zur großen Verwandlung und Vollendung.

Die aufopfernde Pflege im Ashram könnte nirgendwo besser sein. Wir werden 2mal pro Woche verständigt; meine Frau, die als Ärztin wiederholt in Indien tätig war, gibt hilfreiche Ratschläge. Im März besucht **Raimon Panikkar** den Freund Bede, mit dem er 1955 gemeinsam Sanskrit studiert hat, ein letztes Mal in Shantivanam.

Der 1918 in Barcelona geborene Raimon Panikkar (die Mutter Spanierin, der Vater Inder), katholischer Priester, Theologe, Naturwissenschaftler und Philosoph, gehört zu den bedeutenden Universalgelehrten unserer Zeit. Raimon Panikkar ist durch seine intime Freundschaft mit Bede Griffiths' Vorgänger **Henri Le Saux** (**Abhishiktananda**) mit dem Ashram engstens verbunden. Viele der heute in Shantivanam benutzten Rituale gehen auf die Empfehlung und Einführung von Raimon Panikkar zurück.

Eine hochfiebrige Lungenentzündung Ende April 1993 und die Gluthitze mit Temperaturen von über 40 °C beenden am Nachmittag des 13. Mai 1993 Bede Griffiths' irdisches Dasein. Er stirbt in den Armen von Father Christudas, seinem über mehr als 25 Jahre treuen Weggefährten.

Mehr als 2.000 Menschen aus der Umgebung nehmen an den beeindruckenden Trauerfeierlichkeiten teil; **Bischof Gabriel** von Tiruchchirapalli zelebriert zusammen mit Father Christudas das Requiem.

Der belgische Jesuitenpater und Gandhi-Freund Professor **Michael A. Windey**, der seit 1946 in Indien lebt und wirkt, kommt rechtzeitig zur Beerdigung (er ist mit dem Auto fast 2 Tage von Hyderabad unterwegs) und wirft für mich Blumen ins Grab, wie er mir später erzählte. Der damals 77jährige Experte für den Wiederaufbau von Dörfern – mehr als 1.500 Projekte hat er realisiert und ist für sein unvergleichliches Wirken sehr hoch ausgezeichnet worden – zählt **Mahatma Gandhi** und **Bede Griffiths** zu seinen Lehrern und Vorbildern.

Aufgrund heftiger Regenfälle auf der Autofahrt von Madras nach Tannirpalli, kam ich am 15. Mai mit 2 Stunden Verspätung im Ashram an. Der Platz war wie leergeräumt und in eine friedliche Stille gehüllt, die mich sofort glücklich und zufrieden machte. 2 Nächte und insgesamt 1 $^1/_2$ Tage habe ich ganz allein in Bede Griffiths' Hütte verbracht, in der er seit 1968 gelebt hatte. Alles erschien mir vollkommen gelöst und klar; kein Gefühl von Trauer oder Schmerz. Bede Griffiths war für mich präsent wie stets zuvor, und mir wurde das Wirken des Heiligen Geistes, von dem er so oft sprach, spürbar deutlich. Ich arbeitete an seinem kleinen Schreibtisch und verfaßte Nekrologe für diverse internationale Zeitungen, die schnellstens per Fax nach Europa und Amerika auf den Weg mußten. Wenn ich aus dem Gitterfenster seiner Hütte schaute, offenbarte sich das ganze Ashramgelände als himmlisches Paradies. 2 Tage später saß ich wieder an meinem gewohnten Arbeitsplatz in Kreuth.

Seit dieser Zeit haben wir im Zusammenhang mit dem Leben und Wirken von Bede Griffiths in vielen Teilen der Erde unvergeßlich viel Schönes erlebt und wunderbare neue Freunde hinzugewonnen. Für das Frühjahr 1994 war das Erscheinen von Bede Griffiths' großem Werk **UNIVERSAL WISDOM** geplant. Aus diesem Anlaß habe ich dieses Buch erstmalig in Oxford, dem Studienplatz von Bede Griffiths, vorgestellt. Mit viel Mühen ließ es sich arrangieren, am 12. Mai 1994, am Fest von Christi Himmelfahrt, in der Kirche des **Magdalen College**, wo Griffiths studiert hatte und mit seinem damaligen Tutor **C.S. Lewis** eine lebenslange Freundschaft schloß, die Buchpräsentation zu verwirklichen. Meine Frau und unser damals 4jähriger Sohn **Benedikt** waren meine für mich wichtigsten Zuhörer in der überfüllten Kirche. Bis weit nach Mitternacht habe ich mit Griffiths-Liebhabern Gespräche geführt und Pläne gemacht. Am Tag darauf, dem 1. Todestag unseres verehrten Dom Bede, fahren wir in die nahegelegene Benediktiner-Abtei **Priknash Abbey**, wo Alan Richard Griffiths im Dezember 1932 in den Orden eintrat und den Mönchsnamen Bede annahm.

Das Wort **Bede** ist germanischkeltischen Ursprungs und bedeutet:

ewig, lebendig, unsterblich, sich erneuerndes Leben, Wärme, Licht aus der Höhe strahlend.

Die herrliche Landschaft an diesem sonnigen Frühlingstag ist genau so, wie sie Dom Bede immer wieder begeisternd beschrieben hat. Wir drei werden im alten Trakt des Klosters untergebracht, und zwar in dem Zimmer, in dem Bede Griffiths seine ersten Mönchsjahre verbracht hatte. Aus dem Fenster blicken wir auf die traumhafte Baum- und Blumenlandschaft in noch unberührter Natur.

Im Rahmen der abendlichen Eucharistiefeier gedenken wir mit der Mönchsgemeinschaft und aus der Umgebung angereisten Besuchern des 1. Todestages von Bede Griffiths, der durch seinen Wagemut, seine visionäre Kraft und seinen unerschütterlichen Glauben für viele auf der Suche nach Gott und Wahrheit befindlichen Menschen eine Welt und einen Lebensraum eröffnet hat, der einmalig ist. Seine erstaunliche Belesenheit, sein stets verfügbares Wissen, seine tiefe mystische Dimension, seine hohe Toleranz, seine spürbare Liebe zu jedem waren die juwelenhaften Wesenszüge dieses vorbildlichen Menschen und göttlichen Meisters. Bede Griffiths hat einen unschätzbaren Beitrag zur Erneuerung des kontemplativen Lebens in der Welt geleistet und mitgeholfen, für Menschen, die nach der letzten Wirklichkeit suchen, die Quelle des Seins wieder freizulegen. Der Mönch und Mystiker Dom Bede ist ein Mann der **„ruhigen Weisheit und göttlichen Kontemplation"**, wie man im zweiten Kapitel der **Bhagavadgita** nachlesen kann:

Arjuna:

Wie spricht ein solcher Mensch? Benimmt er sich
wie andere Menschen?

Krishna:

Wenn, o Prithas Sohn, ein Mensch den Wünschen, die
das Herz bewegen, entsagt hat und sich zur Ruh
gekommen den Frieden in sich selbst gefunden hat,
so hat er Yog erlangt. Ein solcher Mensch wird nicht
von Gram betrübt, und kein Genuß belustigt ihn.
Er wird nicht mehr bewegt von Habsucht, Neid, Furcht
oder Zorn; er ruht in der Erkenntnis, die sein Glaube
bringt. Er ist ein Muni oder Heiliger;
Einsiedler nennt man ihn, weil er befreit von äußeren
Dingen, in sich selber lebt.
Er ist an niemanden und nichts gebunden,
von Wünschen frei, im Unglück nicht verzagend,
vom Glücke nicht erregt. Dies sind die Zeichen des
Menschen, der ein wahrhaft Weiser ist.
Wie die Schildkröte unter ihrem Schild die Glieder
einzieht, wenn Gefahr sich naht, so wendet er vom

Äußeren die fünf Sinne dem Innern zu.

Dies ist der Weisheit Zeichen …

Sieh! Der Geist von dem, der seiner Sinne Sklave ist,
erkennt sein himmlisches, sein wahres Wesen nicht.

Für ihn ist keine Sammlung, keine Ruh und keine wahre
Seligkeit. Er gleicht dem Schiff, das steuerlos vom Sturm
getrieben, dem Untergang entgegeneilt.

Doch wer vom Sinnlichen sich nicht bewegen läßt,
Herr seiner selbst in seinem Herzen ist, hat wahre
Weisheit. Wo für andere nur Dunkelheit herrscht,
sieht er den hellen Tag in seiner Seele; was den Nicht-
erleuchteten wie helles Taglicht scheint, das ist für
ihn, der es mit klarem Geistesaug' durchschaut,
der Nichterkenntnis tiefe Finsternis.

So ist der Heilige; und wie das Meer in seinem Schoß
die Flüsse aller Länder empfängt und doch in seinen
Grenzen bleibt, so ist der Weise: Aus dem Weltall strömt
der Sinne Blendwerk seiner Seele zu, doch es bewegt
nicht ihn, den Herrn der Sinne.

Von allem Sehnen frei, ist er der Meister und nicht der
Diener seiner niederen Lüste; von Hochmut frei und frei
vom Wahn des Selbst hat er den Frieden.

Alle ZEN-koans verweisen auf unser *„Gesicht, ehe unsere Eltern geboren waren"*, d. h. auf unser wahres Selbst. Das ist die Gesamtüberschrift über alle Fragen wie: *„Was bin ich?"*, *„Woher komme ich?"*, *„Was ist mein Lebenssinn, meine Bestimmung?"*

Jesus Christus sagt im Johannes-Evangelium 8,58:

„Amen, amen ich sage euch: noch ehe Abraham wurde, bin ich."

„Very truly, I tell you, before Abraham was, I am."

„Amen, amen dico vobis antequam Abraham fieret ego sum."

In der lateinischen Bibelübersetzung, der **Vulgata**, finden wir das Verb *„fieret"* (3. Person, Imperfekt Konjuktiv von *fieri* = geschehen, entstehen; ein Verb, das aktivisch konjugiert und passivisch gebraucht wird. Merke: *fit* ist 3. Person Präsens Indikativ und heißt wörtlich = er/sie/es entsteht). Und Jesus sagt wörtlich: *„noch bevor Abraham entstanden wäre, bin ich!"*

Er durchbricht die Kette der Anhaftungen an Präexistenzen seiner Vorfahren und fordert zur nur in der Gegenwart möglichen Seins-Erfahrung von: *„ich bin"* heraus. Das erinnert an Philippus, der zu Jesus sagt: *„Zeige uns den Weg"*, und Jesus gibt ihm zur Antwort: *„Ich <u>bin</u> der Weg."* Und auch Martha, die sagt: *„Ich weiß, mein Bruder wird am Jüngsten Tag auferstehen"*, und Jesus entgegnet ihr: *„Ich <u>bin</u> die Auferstehung."*

Das Ursprüngliche Gesicht ist frei von Vorurteilen, vorgefaßten Begriffen und verfügt über die Qualität der <u>Leere</u>. Die für das Absolute charakteristische Leere transzendiert jegliche Form und Dualität auf die Ebene des Seins, des *„ich bin"*. Die Mystiker bezeichnen das als *„Wüste"*. Der Trappist **Thomas Merton** (1915–1968) schreibt: *„Leere. Totale Armut des Schöpfers: doch aus dieser Armut entspringt alles."*

Hier öffnet sich die Quelle der frei fließenden Energie. Das, was nichts Einzelnes ist, ist die Quelle von allem. Uneingeschränkt von äußeren Werten, ist es seiner selbst nicht bewußt. Und das ist unser natürlicher Geist, unser Ursprüngliches Gesicht. Wie der Trappistenmönch **James Connor** (langjähriger Weg-Gefährte von Thomas Merton) so schön sagt: *„Der voll erleuchtete Geist, der ganz leer gewordene Mensch, birgt vollkommen das Universum in seiner Totalität in sich. Er ist fähig, alles aufzunehmen, ohne Vorliebe oder Vorurteil. Er spiegelt alles in seiner Einzigartigkeit wider und schätzt jedes Einzelding als solches. Und er ist fähig, auf jedes so zu reagieren, wie es in jedem Umstand ihm entspricht. Eine derartige universale Verfügbarkeit ist nur dem ganz leer gewordenen Menschen möglich."*

Der spirituelle Meister fordert von seinen Schülern, die auf der ernsthaften Suche nach Erleuchtung sind, mutig den Raum der Leere zu betreten, der von ängstlichen, dogmatischen Glaubenssätzen verhafteten Menschen zum *„horror vacui"*, zum Schrecken vor der Leere wird. Doch diese Leere, christlich gesprochen: **Kenosis**, d. h. völlige Entäußerung, ist Voraussetzung für die Erfahrung der Fülle.

Der Mystiker, der Erleuchtete erfährt die absolute Wirklichkeit oder das absolute Sein. Die Wirklichkeit ist absolut (losgelöst von aller Dualität); sie ist nicht relativ. Was nicht relativ ist, kann keine Form haben, denn alle Formen sind relativ zueinander. Das absolute Sein (*„ich bin"*) ist grenzenlos und übersteigt Raum und Zeit auf die Ebene des ewigen Lebens, ohne Anfang und ohne Ende. Gleichzeitig sprengt es auch alle denkbaren Formen des Verstehens und ist folglich unsichtbar (siehe **Raimon Panikkar: „The Invisible Harmony"**), ewig, unvorstellbar und unaussprechlich. Weil diese Wirklichkeit absolut ist, kann man ihr nicht in einer Beziehung von Subjekt zu Objekt begegnen, sondern muß sie sinnlich (entspr. dem lateinischen Wort **sapientia** = Geschmack, Weisheit) erfahren. Würden wir sie als Objekt erfassen (das allgemein übliche und tragische Verhältnis zwischen Mensch und Gott), so würden wir sie als etwas nehmen, was bedingt wäre durch uns selbst als Erkennende und durch den Akt des Erkennens. Das würde seiner Natur als Absolutem widersprechen und das Bewußtsein unverzüglich entwerten. Das Bewußtsein muß darum von der Art sein, daß in ihm die Dualität von Subjekt und Objekt überschritten wird.

Roland R. Ropers
Kreuth/Tegernsee und Salzburg
Am heiligen Fest der Auferstehung 2002

1.

AUF DER SUCHE NACH GOTT

Das Ziel des monastischen Lebens bestand immer in der Suche nach Gott. Der **hl. Benedikt** richtete an den Novizen die Frage, ob er wahrhaftig Gott suche. In Indien kennt man diese Gottsuche bereits aus den Zeiten der Veden, die verschiedene monastische Lebensweisen – hinduistische, buddhistische u. a. hervorgebracht haben. In unserem Ashram, dem Saccidananda Ashram Shantivanam, versuchen wir die Tradition des Ashramlebens in Indien mit dem westlichen monastischen Leben, insbesondere die Tradition von Camaldoli zu verbinden. Der Ordensgründer der Kamaldolenser, der **hl. Romuald**, gab im 11. Jahrhundert dem monastischen Leben seine besondere Prägung, indem er Gemeinschafts- und Einsiedlerleben miteinander verband, aber auch das Leben der Wandermönche mit einbezog.

Das Leben in Gemeinschaften ist von der christlichen monastischen Tradition des Westens geprägt. Die Apostel werden nach dem Pfingstfest als Hinterbliebene beschrieben, die sich an die Lehren Jesu, das Gemeinschaftsleben, das Brotbrechen und an die Gebete hielten. Dies wurde auch später immer als ein Modell für monastisches Leben angesehen.

In Indien dagegen lag die Betonung immer auf dem Leben in Einsamkeit. Der Hinduismus selbst ist weniger eine Gemeinschaftsreligion als ein Lebensweg mit vielen Pfaden, auf denen der einzelne Gott erreichen kann. Von diesen Wegen wurde das Sannyasitum als höchstes Ideal angesehen: die Entsagung von Heirat, Eigentum und allen menschlichen Bindungen, um sich Gott allein zu schenken.

Daher besteht im Herzensgrund der Religionen ein tiefer Unterschied. Das Christentum war stets mit dem Gemeinschaftsleben beschäftigt, ob zu Hause oder in einer religiösen Kommunität, wozu natürlich eine gewisse Organisation und Struktur erforderlich ist. Hinduistisches Sannyasitum dagegen verlangt die äußerste Freiheit. Der Guru sagt am Ende der Initiation zu dem Sannyasin: *„Geh mein Sohn, geh über die weiten Räume der Erde, geh darüber hinaus."* Die einzige Bindung, die für den Sannyasin bleibt, ist diejenige an den Guru. Der Guru ist Gott, und in ihm und durch ihn findet der Sannyasin Gott. Dies stellt für den christlichen Mönch ein Problem dar. Für ihn kann nur Christus der wahre Guru sein – der *sat-guru* – und jeder andere spirituelle Führer kann nur Christus repräsentieren. Darüber hinaus fordert seine Christusschülerschaft seine Mitgliedschaft am Leib Christi und stellt Ansprüche an sein Gemeinschaftsleben.

Wie kann man diesen Gegensätzen begegnen? **Swami Abhishiktananda** (Henry Le Saux O.S.B., 1910–1973) stand sein ganzes Leben vor diesem Problem und entschied sich letztlich für reines Sannyasitum, indem der allen menschlichen Bindungen entsagte, eine Verbindung mit der Kirche aber aufrechterhielt. Das scheint mir aber keine befriedigende Antwort zu sein, und Abhishiktananda war nicht imstande, das Problem letztgültig zu lösen. Kann die Tradition von Camaldoli eine Antwort zu diesem Problem geben? Der hl. Romuald lebte als Benediktinermönch, fühlte sich aber mehr und mehr zu einem Leben in Einsamkeit hingezogen. Obwohl er niemals seine Bindung zur benediktinischen Gemeinschaft abbrach, widmete er sich vor allem dem Gebet in der Einsamkeit und der alleinigen Hingabe an Gott. Könnte dies ein Modell für den Mönch von heute sein?

Thomas Merton (1915–1968) verspürte denselben Ruf nach einem monastischen Leben, suchte innerhalb seiner Berufung zum Mönchsein aber mehr und mehr die Einsamkeit. Auch in der Ostkirche, die ohne Zweifel von St. Romuald beeinflußt wurde, betrachtet man das Eremitenleben als den höchsten Ausdruck der monastischen Berufung.

Hinter der Frage nach dem Leben in Einsamkeit oder Gemeinschaft steht die noch tiefere Frage nach der Natur des Gebets. Der hl. Benedikt organisierte das klösterliche Leben im Rahmen des Gemeinschaftslebens der Liturgie und führte als wesentliche spirituelle Disziplin die *lectio divina,* das meditative Lesen der göttlichen Schriften ein. Jenseits des liturgischen Gebets aber, des Gebets mit Worten und Gedanken, gibt es in der christlichen Tradition das sogenannte *„reine Gebet des Evagrius",* bei dem der Verstand Worte und Gedanken übersteigt und in die unmittelbare Gegenwart Gottes einmündet. Hier berühren sich die monastische Tradition des Westens und des Ostens am engsten. In allen östlichen Traditionen, im Buddhismus wie im Hinduismus, wird das Ziel angestrebt, die Sinne und den Verstand zu transzendieren und einzutreten in das tiefe Selbst, jenen geistigen Punkt, wo der Mensch das Göttliche berührt.

Wir können die Grundstruktur des monastischen Lebens mit dem Gemeinschaftsgebet, dem Studium und der Arbeit akzeptieren, aber innerhalb dieser Struktur ist jeder Mönch frei, dem inneren Ruf des hl. Geistes zu folgen und in das Schweigen und die Einsamkeit des Herzens einzutreten, wo Gott unmittelbar gegenwärtig ist. Dies ist das Zentrum, wo wir den Hindu, den Buddhisten und alle, die Gott wahrhaftig suchen, treffen.

Ein Ashram ist nicht so sehr ein von Äußerlichkeiten geprägter Ort, als vielmehr ein innerer Raum. Ein Ashram ist ein Raum des Herzens, den die Upanishaden den *„Raum im Herzen der Lotusblüte"* nennen.

Menschen auf der ganzen Welt sind heute auf der Suche nach diesem inneren Raum, diesem Punkt der Vereinigung mit Gott. Dieser innere Raum kann nur gefunden werden, wenn die Menschen beständig auf der Suche nach Gott leben und versuchen, ihn mit ihren Herzen aufzuspüren. Es ist die Aufgabe eines Ashrams, diesen Herzensraum zu bereiten, wo jeder in seinem Herzen diesen Ort finden und die Welt inmitten ihrer Verwirrung Frieden erfahren kann.

2.

DER ASHRAM ALS WEG ZUR TRANSZENDENZ

Ashrams (*ashram*, Sanskr.: Zentrum für religiöse Studien und Kontemplation) bereiten der Transzendenz den Weg. Im ersten Jahrtausend vor Christus vollzog sich ein Durchbruch zum Transzendenten, der in den *Upanishaden,* im *Tao Te King,* in der *Bhagavad Gita,* bei *Buddha* und den hebräischen Propheten sichtbar wird. Alle diese Schriften gehen über das System der Symbole, über Name und Form hinaus und streben zur ewigen Wirklichkeit, die diese repräsentieren.

In jeder Religion sind bestimmte Personen beauftragt, die Wirklichkeit lebendig und in Erinnerung zu halten – Rishis, Sufis, Mönche. Der **hl. Antonius** ist ohne Sakramente in die Wüste gegangen, und der hl. Benedikt lebte zeitweilig allein mit Gott und wußte nicht einmal, wann Ostern war!

Ein Ashram befaßt sich mit dieser Begegnung mit dem transzendenten Mysterium, jenseits der sakramentalen Ausdrucksmöglichkeiten. Offen zu sein für das Überschreiten von Name und Form ist die Bestimmung der Ashramgemeinschaft. Als Teil einer Weltbewegung ist der Ashram in Indien – eine Gemeinschaft von Jains, Buddhisten, Hinduisten, Sufis und Christen – dazu berufen, Zeugnis von der Transzendenz abzulegen und hinauszugehen über die organisierte Religion; dies ist die Basis für seine Existenz.

Jenseits organisierter Strukturen

Gleichzeitig müssen wir aber unser Leben in der Gemeinschaft mit der Institution Kirche und mit der organisierten Religion als Ganzes sehen. Jesus versammelte seine Jünger um sich und überbrachte ihnen den Heiligen Geist. Die Kirche ist eine Gemeinschaft von Menschen, die im heiligen Geist vereint zusammenleben. Dieser Geist ist gekommen, um mit anderen geteilt zu werden, besonders in der Taufe und in der Eucharistie. Die Institution Kirche ist eine sakramentale Kirche, ein Sakrament Christi. Ashrams sind berufen, über die sakramentalen Zeichen zu der ihnen innewohnenden Wirklichkeit hinauszugehen. **Jesus hat nicht die Kirche gepredigt, sondern das Königreich Gottes.** Wenn eine Kirche organisiert ist, besteht das Problem, daß die Zeichen zu große Bedeutung erhalten und das verborgene Mysterium ihres Wesens leicht aus den Augen verloren wird.

Wir müssen zwischen der institutionellen und der eschatologischen Kirche unterscheiden. Jesus hinterließ uns eine Gruppe von Jüngern, um Zeugnis über das Wort in der Kraft des Geistes abzulegen. Unsere *koinonia* (griech.: Gemeinschaft) besteht mit dem Vater und dem Sohn im Heiligen Geist. Als Zeichen dieser *koinonia* hinterließ er die Taufe und die Eucharistie. Alle weiteren Sakramente und Ämter wie das Ehesakrament, die Beichte, Päpste, Priester und Geistliche sind spätere Entwicklungen. Sie entstammen griechisch-römischen Strukturen, die im Westen erwuchsen und auch dogmatische Festlegungen beinhalten. Jedes Dogma ist Ausdruck des ursprünglichen Mysteriums Christi in menschlichen Worten, und diese sind immer geschichtlich und intellektuell beeinflußt. Dies trifft auch für das Neue Testament zu, welches das göttliche Mysterium in der Terminologie der jüdischen Kultur ausdrückt und dann ins Griechische übersetzt wurde.

Es besteht die Gefahr, daß sich die christliche Spiritualität auf die Person Jesus konzentriert und das göttliche Mysterium, das durch ihn offenbar wird, aus den Augen verliert. Transzendenz ist jenseitige Wirklichkeit, jenseits von Körper und Psyche, Wort und Gedanke. **Karl Rahner** behauptete, daß jeder Mensch die Fähigkeit hat, sein Selbst zu transzendieren und dem heiligen Mysterium zu begegnen, und daß einige berufen sind, anderen Menschen dieses Mysterium bewußt zu machen. Das ist die Berufung der Ashrams. Um spirituelle Lehrer wie **Abbé Monchanin** und **Swami Abhishiktananda** sammelten sich Schüler, die von dem transzendenten Mysterium inspiriert waren.

Wir müssen zwischen einem Ashram und einer religiösen Gemeinschaft unterscheiden. Ein Ashram gehört genaugenommen nicht zur hierarchischen, sakramentalen Kirche. Er ist eine Gemeinschaft, die berufen ist, die sakramentale Ordnung zu transzendieren. In diesem Sinne ist ein Ashram nicht Teil der hierarchischen Kirche. Die frühen Mönche wie der hl. Antonius und der hl. Benedikt waren keine Priester. Ein Ashram ist eine Laien-Gemeinschaft von Männern und Frauen, verheiratet oder ledig, in deren Zentrum Gebet und Kontemplation stehen. Jesus, von dem es im Johannes-Evangelium heißt *„Ich habe keine Autorität über mich selbst"*, kann als Beispiel dafür angesehen werden. Ashram-Leben bedeutet, Jesus über die Sakramente und Zeichen dieser Welt hinaus zu folgen, um zum Vater, dem Ursprung von allem, zu gelangen.

Da der Ashram keinen juristischen Status innerhalb der Institution Kirche hat, fällt er nicht unter die kirchliche Gesetzgebung. Eine Gemeinschaft von Oblaten besteht aus Männern und Frauen, die ihr Leben dem Gebet und der Kontemplation hingeben, während sie als Laienbrüder und -schwestern in der Welt leben; sie stehen in enger Verbindung zu einem Kloster, von wo sie ihre eigene Führung erhalten, jedoch ohne rechtliche Verpflichtungen. Eine solche Gemeinschaft hat in der Kirche einen Status, aber keine rechtliche Grundlage. In diese Richtung entwickelt sich die Bewegung in der restlichen Welt.

Ich möchte, daß der Shantivanam Ashram bei den Kamaldulensern als eine deutliche Berufung in der Kirche angesehen wird. Geistliche in einem Ashram dürfen die Regeln nicht einfach nur hinnehmen – **ein Sannyasin lebt jenseits von religiösen Strukturen und ist nur an Gott allein gebun-**

den; und wenn ihre Glaubensgemeinschaft das nicht akzeptieren kann, dann müssen die Geistlichen, die Berufung spüren, sich von ihrer Glaubensgemeinschaft trennen.

Muß ein Ashram christlich sein?

Ich sehe keine Schwierigkeiten mit interreligiösen Gemeinschaften – wir sollten uns auf sie einstellen. Elementare Gemeinschaften in Indien müssen interreligiöse Gemeinschaften sein. Alle Religionen werden sich sehr schnell aufeinander zu bewegen – **wir werden die Kirche in zehn Jahren nicht wiedererkennen. Die Laienbrüder und -schwestern sind die Kirche der Zukunft.** Die frühen Benediktiner waren keine Priester, auch der hl. Franziskus nicht. Wir müssen dies mit Behutsamkeit aufzeigen und als eine Bewegung in der Kirche ansehen, die unter der Führung des Heiligen Geistes steht.

Auch die entgegengesetzte Bewegung, der Fundamentalismus, wächst. Er verurteilt alles, was „neuzeitlich" ist, wie z. B. Yoga und Meditation. Eine frühe Phase der ökumenischen Bewegung war in den 40er Jahren dieses Jahrhunderts in England *„Das Schwert des Geistes"* von **Kardinal Hinsley**. Sie ist auf große Opposition der Bischöfe gestoßen, die die Theologie dieser Bewegung nicht kannten! Das gleiche kann den Ashrams passieren, wenn sie keine sichere theologische Basis haben.

Christus als Guru

Im Hinblick auf eine Meister-Schüler-Beziehung ist für die Christen Christus der Guru. Es ist hier notwendig, das Konzept „Guru" zu erklären. Die meisten Christen erfahren Christus außerhalb von sich selbst – als den Christus von Palästina. Für die Hindus ist das anders, da für sie Gott der Guru ist. Christen müssen ihre Herzen dem Christus, der in ihnen selbst ist, öffnen. Sie müssen den Christus in sich erkennen und ihn als ihren Guru, ihren Meister, der in ihnen lebt und wirkt, erfahren. Auch das ist die Funktion eines Ashrams.

Kontemplation als Aufgabe

Im Westen gibt es eine steigende Zahl von Kontemplations-Gruppen, die sich regelmäßig treffen, um gemeinsam zu meditieren. Für die universale Kirche ist das außerordentlich notwendig. **Kontemplation – über Gedanken und Worte hinausgehen – ist neu für die Kirche.** Viele Gruppen im Ausland machen die Kontemplation zum Zentrum ihres Lebens. Die Ashram-Gefängnis-Bewegung beeindruckt mich vor allem durch die Veränderungen, die sie im Leben von einigen Häftlingen hervorbringen kann. Transzendenz führt uns zum Herzen dieses Mysteriums.

Die Advaita-Erfahrung der Nicht-Dualität

Nicht-Dualität *(Advaita)* ist die letztendliche Wirklichkeit in allen Religionen: Alles wird in Gott gesehen und Gott in allem. Ich möchte meine *Advaita*-Erfahrung, die Erfahrung der Nicht-Zweiheit mit anderen teilen. Ich war überwältigt und überflutet von Liebe, das Weibliche in mir öffnete sich und eine ganz neue Vision offenbarte sich mir. **Ich sah die Liebe als das Hauptprinzip des ganzen Universums.** Ich sah Gott in der Erde, in den Bäumen, in den Bergen. Das brachte mich zu der Überzeugung, daß es kein absolut Gutes oder Böses in dieser Welt gibt. Wir müssen all die Konzepte loslassen, die die Welt in gut und böse, richtig und falsch einteilen und lernen, die Zusammengehörigkeit der Gegensätze zu sehen, die **Nikolaus von Kues** die *„coincidentia oppositorum"*, das Zusammentreffen der Gegensätze nannte.

Bei der Kreuzigung hat Jesus alles aufgegeben – sein Leben, seinen Ruf, alles. Ihm blieb nur Gott, und auch seine Vorstellung von Gott mußte Jesus noch aufgeben: *„Mein Gott,* *mein Gott, warum hast du mich verlassen?"* Auch wir müssen über alle Vorstellungen und Konzepte, die wir von Gott haben, hinausgehen, ohne sie jedoch abzulehnen. Das heißt, wir müssen sie immer als Zeichen sehen, die darüber hinausweisen, hin zu einer nicht-dualen Wirklichkeit.

3.
WO IST GOTT?

Die Menschen suchen nach einer letzten Bedeutung und einem Sinn für ihr Leben in der Welt, die Sinn und Bedeutung verloren zu haben scheint. Welche Antwort kann ihnen der **hl. Benedikt** und die Tradition, die sich auf ihn bezieht, geben? Wie können wir heute Gott in der Welt finden? Der hl. Benedikt entstammt natürlich einer christlichen Tradition, aber welche Antwort bietet uns das Christentum überhaupt? Es ist in sich selbst nicht einig, und viele Menschen suchen Gott anderswo. Gibt es im Christentum einen Weg zum Absoluten, der nicht ein Weg des Dogmas oder der Rituale ist, sondern ein Weg der direkten Erfahrung der Wirklichkeit? Das ist es, was die Menschen heute suchen – nicht Worte oder Gedanken, sondern eine direkte Erfahrung. Ist es möglich, Gott, die Wahrheit oder die Wirklichkeit in der Tradition des Christentums direkt zu erfahren? (…)

Den Mönch in uns entdecken

In jedem Menschen steckt die Urform des Mönchs – dies bedeutet, in jedem Mensch gibt es ein Potential, Gott in der neuen Schöpfung, deren Mittelpunkt Christus ist, zu finden. Dies kann uns die Richtung weisen. Die Idee eines monastischen Urbilds in uns allen mag vielen vielleicht aus dem Buch *Den Mönch in sich entdecken* geläufig sein, das von **Raimon Panikkar** verfaßt wurde.

Meiner Meinung nach ist es wichtig zu erkennen, daß hinter der Vielfalt der Natur ein gemeinsamer Urgrund liegt, und in diesem gemeinsamen Urgrund sucht jeder Mensch nach Gott, nach dem absoluten Sinn und der absoluten Wahrheit. Es handelt sich dabei um eine einsame Suche, denn sie berührt unser Wesen in der Tiefe und sie kann uns von niemand anderem gegeben sein. Wir alle sind für Gott offen, werden von Gott in der Tiefe unseres Seins berührt, in der wir die Gegenwärtigkeit Gottes, der grenzenlosen ewigen Wirklichkeit, erleben, die der Urgrund und Ursprung unseres Seins ist. Für viele Menschen hat das Wort *„Gott"* jedoch seine Bedeutung verloren. Sie nehmen es nicht gerne in den Mund, weil dieses Wort den Menschen ein falsches Bild vermittelt. Deshalb ist es gut, dieses Wort zu ignorieren und uns seiner höheren Bedeutung zu öffnen.

Das besondere Problem für uns Christen besteht darin, daß das Konzept und Bild von Gott, das uns Jesus und die Evangelien vermittelt haben, vor allem das Bild des himmlischen Vaters ist. Wenn wir die Tradition des Ostens betrachten, finden wir hier ein anderes, ja gegensätzliches Bild. Hier ist Gott vor allem der Urgrund und Ursprung der Welt. Dies verdeutlicht eine Geschichte über **Jules Monchanin**, den Gründer unseres Ashrams in Indien.

Wo ist Gott?

Monchanin war viele Jahre lang Gemeindepfarrer in Tannirpalli in Südindien. Eines Tages traf er eine Gruppe Schulkinder und fragte sie: *„Wo ist Gott?"* Die Hindus unter ihnen zeigten auf das Herz und sagten, Gott sei dort. Die Christen zeigten auf den Himmel.

Dies sind zwei völlig unterschiedliche Möglichkeiten, Gott zu sehen, die sich natürlich ergänzen. Wir lernen heute, wie man Gegensätze miteinander vereint. Die Dinge müssen nicht ausschließlich das eine oder das andere sein. Fast immer beinhalten sie beides, was die Chinesen mit der Idee von *Yin und Yang* ausdrücken. Alles steht mit allem in Verbindung. Wenn wir uns Gott vorstellen, nehmen wir dazu ein Bild in Anspruch, wir benötigen aber das Bild des himmlischen Vaters *und* das des Heiligen Geistes in uns. Diese Art der Gotteserfahrung erfordert kein spezielles Wissen oder spezielle Fähigkeiten. Sie existiert in der Mitte unseres Seins, das uns eine Bedeutung und unserem Leben einen Sinn gibt und das für sich allein eine Antwort auf unsere Suche weiß.

In unseren Ashram kommen Menschen aus allen fünf Kontinenten, und es berührt mich seltsam, daß sie alle dasselbe suchen. Sie alle suchen in ihrem Leben eine höhere Beziehung zu Gott und zur Menschheit. Sie versuchen, was wir in Indien *„Gott erkennen"* nennen. Die meisten Menschen haben das Verständnis für diese innere Tiefe beinahe vollständig verloren. Sie wurde so verschüttet, daß sie sich ihrer nicht mehr bewußt sind. Vor allem in der materialistischen Zivilisation des Westens haben die Menschen diese Dimension verloren. Sie sind mit ihrer Außenwelt so beschäftigt und werden von ihren Problemen, Vergnügungen und Schmerzen so vereinnahmt, daß sie nicht mehr darüber hinausschauen können. Sie haben verlernt, für Gott, für das Transzendente offen zu sein. (…)

Auf der ganzen Welt besuchen Menschen, die einen höheren Sinn in ihrem Leben suchen, Meditationsgruppen. Wir müssen unser Fassungsvermögen für Gott in einer *„neuen Schöpfung"* zu vergrößern versuchen. Dieses Fassungsvermögen, das jedem Menschen zu eigen ist, wurde durch die Sünde verhüllt, d. h. durch die Entfremdung von unserem wahren Sein. Sünde ist Entfremdung. Man lernt sich nicht so kennen, wie man wirklich ist, und lebt deshalb in Illusionen. Die Entfremdung von seiner wahren Persönlichkeit, von der Wirklichkeit, von Gott erfordert eine neue Schöpfung. Das meint die Erneuerung unseres Seins, die wir erleben, wenn wir zu dem erwachen, was wir sind, zur Wirklichkeit hinter allen oberflächlichen Erscheinungen.

In Indien stellt man oft die Frage: *„Wer bin ich? Bin ich dieser Körper, der hier sitzt? Bin ich dieser Mensch, der mit anderen in Beziehung steht? Oder gibt es in uns etwas Höheres, jenseits von Körper und Verstand, eine höhere Wirklichkeit?"* (…) Jeder Mensch tendiert dazu, in der Welt der Erscheinungen und

Illusionen zu leben und den Blick auf die Wirklichkeit dahinter zu verlieren. (…)

Der Weg zur Transzendenz

Das Leben des Mönchs, d. h. des Mönchs in uns allen, ist ein Weg zur Transzendenz. Karl Rahner hat den Menschen als Wesen beschrieben, das mit der Fähigkeit zur Selbsttranszendenz ausgestattet ist. Wir sind auf ein isoliertes Selbst zurückgefallen, das von allem übrigen und dem Urgrund und Ursprung unseres Seins getrennt ist. Wir müssen dieses isolierte Selbst transzendieren, dieses Ego, das unser wahres Sein verhüllt, und uns Gott, der Welt, dem Leben und der Wahrheit öffnen, die überall und in jedem Menschen verborgen liegt.

Dieses isolierte Selbst ist der Ursprung alles Bösen. Es ist nicht so, daß das Selbst an sich böse ist. Wir benötigen ein Ego, ein individualisiertes Selbst. Ein Kind muß heranwachsen und sich seiner selbst bewußt werden. Es muß sich von der Mutter trennen und ein Individuum werden. Wir aber verschließen uns in unserem Ego, und dies trennt uns von den anderen und von Gott. Durch die Gnade Gottes, die wir im Gebet und in der Meditation empfangen, können wir dieses Ego überwinden.

Der Weg zur Transzendenz ist der Weg der Liebe. (…) Lieben heißt, sich selbst zu erweitern, sich der Unendlichkeit des Seins zu öffnen, die in uns und um uns herum ist; diese Unendlichkeit des Seins in der Liebe meinen wir, wenn wir von Gott sprechen. Unser ganzes Sein nimmt dann eine kreative Entwicklung, es erfährt eine Vertiefung der integralen Harmonie von Herz und Verstand.

Vom Kopf zum Herzen

Wir sollten uns als Ganzheit von Körper, Seele und Geist erleben. Leider ist es gewöhnlich so, daß wir den Menschen als „rationales Tier" sehen, reduziert auf Körper und Seele. Dies ist an sich in Ordnung, aber wir vernachlässigen damit die höheren Dimensionen unseres Seins. Der hl. Paulus und die Urkirche haben den Menschen immer als Körper, Seele und Geist gesehen. Wenn wir beten, wenn wir meditieren, tun wir das nicht nur mit unserem Verstand. Wir neigen im Westen dazu, vor allem den Verstand zu gebrauchen, und laufen deshalb Gefahr, daß unsere Religion kopflastig wird. Die Meditation sollte ein Mittel sein, das uns vom Verstand zum Herzen führt. Die Kirchenväter sagten dazu: *„Bringt die Gedanken vom Kopf zum Herzen und laßt sie dort."* Das Herz ist das Zentrum, in dem der Kopf mit dem Rest des Körpers eins wird, und so beteiligt und erneuert die Meditation unser ganzes Sein, indem sie uns vom Kopf zum Herzen führt.

Jetzt verstehen wir die Bedeutung dieser *„neuen Schöpfung"* besser. Sie transzendiert das isolierte Selbst mit seinen Trugbildern und Begierden, und sie hilft uns, die Wirklichkeit zu erfahren, die Wirklichkeit unseres eigenen Seins und die Wirklichkeit der Welt, in der wir leben.

Es scheint sehr einfach zu sein, die Wirklichkeit zu erleben, aber die Bilder, die wir uns gemacht haben, verhindern dies. Wissenschaftler sagen uns, die dreidimensionale Welt sei eine Projektion. Die Welt sei ein Energiefeld, das in unterschiedlichen Frequenzen vibriert, und in diesem Feld existieren unterschiedliche Strukturen und Formen, die wir als dreidimensionales Universum interpretieren. Aber dieses Universum ist eine Projektion und ist deshalb ein Abbild der Wirklichkeit. Gebet und Meditation helfen uns dabei, hinter diesen Schein zu blicken und die Wirklichkeit zu berühren. Gott ist die Wirklichkeit, die hinter diesem Schein verborgen ist.

Diese Illusion zu transzendieren ist der Weg der Liebe; wir verlassen unser isoliertes Selbst und öffnen uns für andere. Wir nehmen an der Kommunion der Liebe teil, in der wir die wahre Bedeutung der menschlichen Existenz entdecken; sie ist die Natur Gottes. (…)

Wenn Gott diese Liebe ist, so sollten wir darauf achten, wie das Bild von Gott aussieht, das wir von ihm haben. Die meisten von uns sehen Gott als Person, aber in der Tradition des Christentums ist Gott nicht „eine" Person. Gott ist eine die Person übergreifende Gemeinschaft, eine Gemeinschaft der Liebe in uns allen, die uns alle als unsere eigentliche Bedeutung umfängt. Das ist der andere Aspekt unseres unendlichen Potentials in Gott. Durch seine Offenbarung in Christus erkennen wir die Natur Gottes als Liebe.

Durch die Welt des Scheins zum wahren Selbst

In Indien hat die Suche nach Gott zur Entdeckung des wahren Selbst geführt, dem Urgrund des menschlichen Seins, der absoluten Wirklichkeit. Im fünften Jahrhundert v. Chr. beschrieben die alten Inder den Weg durch die Welt des Scheins, der Sinne und des Verstandes hin zum wahren Selbst oder *Atman,* wie es in den Upanishaden heißt. Die Menschen versuchen heute, durch Meditation und Yoga ihr Selbst zu erkennen, ihr wahres Sein und die absolute Wirklichkeit zu finden. Manche Christen haben Vorurteile gegenüber dem Yoga, auch gegenüber der Meditation, aber sie lernen, daß diese Methoden bereits seit Tausenden von Jahren ausgeübt werden, um uns dabei zu helfen, Gott zu entdecken. Es gibt heute viele Meditationsarten; Yoga, Zen, Vispassana und Transzendentale Meditation sind die bedeutendsten. Sie helfen uns dabei, die innere Bedeutung und den Sinn unseres Lebens zu erschließen. (…)

Wir suchen eine Lebensweise, in der wir gemeinsam in Liebe zusammenleben können, doch ist dies sehr schwer: Wieviele Ehen scheitern nach einigen Jahren, obwohl Partner, die sich liebten, heirateten und hofften, ihre Liebe, würde ein Leben lang anhalten. Irgend etwas zerstört die Liebe, und wir möchten daher den Weg finden, den Christus uns gezeigt hat und auf dem wir wieder in Liebe leben können. Meditation sollte uns zu dieser Liebe führen. Wenn sie nicht zur *Agape* führt – der christlichen Liebe, die sich selbst verschenkt – so erfüllt sie ihren Zweck nicht.

Das reine Gebet

Eine Methode des Gebets, die von vielen Mönchen praktiziert wird, ist die von **Cassian** und den Wüstenvätern, die auch die geistigen Vorbilder des hl. Benedikts waren. Johannes Cassian lebte im 4. Jahrhundert unter den Wüstenmönchen in Ägypten. Dort fanden sich viele christliche Mönche, die die Gesellschaft des Römischen Reiches verlassen hatten, um Gott in der Einsamkeit der Wüste zu suchen. Cassian befragte diese Mönche und beschrieb in seinen Schriften ihr Leben und ihre Gebetsweise. Seine beiden Schriften über das Gebet sind klassische Abhandlungen über die Meditation. Die Regel des hl. Benedikt über das Gebet geht auf Cassian und die Wüstenväter zurück.

Das Gebet ohne Worte und Gedanken ist die höchste Stufe auf dem Weg zur Gotteserfahrung. Für Menschen, die Worte und Gedanken im Sinn haben, wenn sie an das Gebet denken, mag das ein Problem darstellen. Gedanken und Worte sind am Anfang natürlich nötig, aber letztlich sollte uns das Gebet an einen Punkt führen, an dem Worte und Gedanken überflüssig werden; dahin, was Evagrius, einer der großen Wüstenmönche, das *„reine Gebet"* genannt hat. Der hl. Benedikt spricht von der Reinheit des Herzens als Qualität des Gebets, und das ist es, wonach wir alle suchen.

Ich selbst habe zwanzig Jahre lang in einem Benediktinerkloster gelebt und habe es dort nie gefunden! Wir meditierten gewöhnlich nach der Vesper eine halbe Stunde lang, aber wir erhielten dazu keine Anleitung. Gerade danach suchen die Menschen heute.

Die Popularität des Klassikers *Aufrichtige Erzählungen eines russischen Pilgers* läßt uns ahnen, wie sehr die Menschen nach einer praktischen Weisheit des Gebets verlangen, die der Pilger im Starez gesucht und gefunden hat, als man ihn lehrte, unaufhörlich das Jesus-Gebet zu sprechen. Das Rußland des neunzehnten Jahrhunderts war das *„heilige Rußland"*. Pilger wanderten über das Land von einem Kloster oder einer Kirche zur anderen und suchten und priesen Gott. Der Pilger änderte sein Leben und lebte in Christus, nachdem er das Gebet gefunden hatte. Nachdem in Rußland das kommunistische System zusammengebrochen ist, entdecken die Menschen auch dort von neuem ihre Seele. (…)

Das Mysterium der Liebe

Das Mysterium der Liebe inmitten unseres Seins zu finden – dies ist unsere besondere christliche Aufgabe. Für den Hindu ist das der Weg der *Bhakti,* der Hingabe an einen persönlichen Gott. Aber im Hinduismus besteht die Gefahr, daß Gott dort in menschlicher Form dargestellt wird, als **Rama, Krishna, Shiva** oder irgendeine andere Gottheit. Das Mysterium Gottes wird eingeschränkt, wenn es in einer menschlichen Form dargestellt wird, sei es als Guru oder Gott. Dieselbe Gefahr besteht im Christentum, das sich auf die menschliche Gestalt Jesu konzentriert, was für die Wüstenväter anthropomorphe Blasphemie war. Der hl. Paulus sagt (2. Kor. 5,16): *„Auch wenn wir früher Christus nach menschlichen Maßstäben eingeschätzt haben, jetzt schätzen wir ihn nicht mehr so ein."* Das bedeutet, daß wir Christus als Menschen gekannt haben, als großen Propheten oder heiligen Mann, aber als nicht viel mehr. Wir verkennen so Gott in Christus. Durch den Menschen Jesus finden wir zu Gott – durch das Menschliche zum Göttlichen.

Das Johannes-Evangelium beschreibt, wie Jesus uns zum Vater führt. Dort sagt er, der Sohn habe selbst keine Autorität, er könne nichts ohne den Vater tun. Jesus lebt aus dem Vater und für den Vater. Der Vater ist der Ursprung, der Quell, der

Eine jenseits von Namen und Formen; in Indien nennt man das *Arupa, „ohne Namen und Form"*. Jesus beschreibt den Vater als Quell einer grenzenlosen Liebe, die er mit dem Vater teilt. (…)

Die christliche Meditation ist der Eintritt in diesen *„Strom der Liebe"*, in die Intimität der Vereinigung mit den Personen der Trinität. Die Meditation führt uns in die Tiefe, in der der Heilige Geist gegenwärtig ist, und sie führt uns in das innere Mysterium von Gottes Sein und Liebe. Die Personen der Trinität bilden eine lebendige Gemeinschaft, in der sich das Sein in Liebe mitteilt. Der Vater teilt sich durch sein Wort mit. Das Wort ist der Ausdruck des Vaters, der sich im Geist mitteilt. Der Vater kennt und liebt den Sohn, und dieses Wissen und diese Liebe zwischen Vater und Sohn ist der Heilige Geist. Es ist eine gegenseitige Liebe. Das Ende unserer Suche ist erreicht, wenn wir die absolute Liebe in ihrer Tiefe in einer die Person übergreifenden Vereinigung erfahren haben.

Dies ist die *„Erfahrung Gottes"*, die wir suchen, um von einer Liebe erfüllt zu werden, die sich selbst verschenkt und durch die wir uns in einem Ozean der Liebe wiederfinden, einer Liebe, die gleichzeitig persönlich ist und dennoch alle menschliche Begrenztheit überschreitet. Das ist die Antwort auf unsere fundamentale Suche nach Liebe. Für die meisten Menschen ist eine zwischenmenschliche Beziehung das Wichtigste im Leben, sei es mit einem Ehepartner, Sohn, Tochter, Freund oder Vertrauten. Diese Beziehung ist die Wirklichkeit ihres Lebens. Gott selbst ist die Beziehung der Liebe, und unsere Beziehungen sind nur ein schwacher Abglanz dieser Liebe, die ewig in Gott als Vater, Sohn und Heiliger Geist besteht. Das Leben der Trinität ist diese gegenseitige Liebe, ist Gott.

Diese Liebe umfaßt unser ganzes Sein, unseren Körper, unsere Seele und unseren Geist. Die Liebe, die mit der Liebe eines Kindes zu seiner Mutter oder der Liebe der Mutter zu ihrem Kind beginnt, durchläuft alle Stadien des Heranwachsens, der Freundschaft und der Heirat. Sie vereint alle Menschen in Liebe, wie es der hl. Aelred nannte. Diese Liebe ist eine Liebe, die einen neuen Menschen erzeugt, eine neue Schöpfung, einen mystischen Körper, in dem sich Mensch und Gott vereinen.

Zum Abschluß möchte ich aus dem Brief des hl. Paulus an die Epheser zitieren, eine Stelle, die ich bei der christlichen Meditation bevorzuge:

„Daher beuge ich meine Knie vor dem Vater, nach dessen Namen jedes Geschlecht im Himmel und auf der Erde benannt wird, und bitte, er möge euch aufgrund des Reichtums seiner Herrlichkeit schenken, daß ihr in eurem Innern durch seinen Geist an Kraft und Stärke zunehmt.
Durch den Glauben wohne Christus in eurem Herzen.
In der Liebe verwurzelt und auf sie gegründet, sollt ihr zusammen mit allen Heiligen dazu fähig sein, die Länge und Breite, die Höhe und Tiefe zu ermessen und die Liebe Christi zu verstehen, die alle Erkenntnis übersteigt. So werdet ihr mehr und mehr von der ganzen Fülle Gottes erfüllt."

(Eph 3,14–19)

4.

DER KOSMISCHE MENSCH
IM NEUEN TESTAMENT

Gott und Mensch

Die traditionelle christliche Theologie betrachtet Jesus gewöhnlich als Gott, und die Menschwerdung Gottes ist ein zentrales christliches Dogma. Tatsächlich aber handelt es sich hierbei um eine verhältnismäßig späte Form theologischer Festsetzung, die erst im Jahre 325 beim Konzil von Nicäa Gestalt annahm. Sie unterscheidet sich völlig von der Art und Weise, wie Jesus im Neuen Testament dargestellt wird. Ich meine, daß diese Theologie, so korrekt und legitim sie an sich auch sein mag, eine bestimmte Art theologischer Sprache spricht, die sich im Laufe vieler Jahrhunderte im Westen entwickelt und gewiß den Bedürfnissen der Menschen ihrer Zeit entsprochen hat, heute aber die meisten vor unüberwindliche Schwierigkeiten stellt. Beispiele dieser Sprache sind etwa: *„Gott wurde Mensch"*, *„er stieg vom Himmel hernieder"* und *„Gott erschien auf Erden"*. Diese Bilder, die für die Menschen früher ganz natürlich waren, muten uns heute hochgradig mythologisch an und lassen die Botschaft des Evangeliums als völlig unreal und irrelevant erscheinen. Genau das aber ist nicht die Sprache des Neuen Testamentes.

Im Neuen Testament zeigt sich eine ganz andere Sicht Jesu. Sein Ausgangspunkt ist nicht Jesus, der Gott, sondern Jesus, der Mensch. Jesus spricht von sich selbst niemals als Gott. Er zieht es vor, sich als Menschensohn zu bezeichnen, was im Hebräischen und Aramäischen praktisch gleichbedeutend mit Mensch ist. Nach seiner Auferstehung wunderten und fragten sich seine Jünger, wer dieser Mensch war, und deuteten sein Leben und seine Botschaft im Licht der jüdischen Tradition:

als Prophet, Priester, König, Messias, Herr oder Sohn Gottes. Ganz am Ende der neutestamentlichen Epoche begann man schließlich, für Jesus den Begriff Gott zu gebrauchen, aber selbst dann nur mit großer Vorsicht. Mit anderen Worten: Von Jesus als Gott sprechen bedeutet, eine Sprache zu benutzen, zu der man erst nach langer Überlegung gelangt war und die eine sehr spezifische Bedeutung hat. Jesus in verallgemeinernder Weise und ohne nähere Angaben als Gott zu bezeichnen, kann nur zutiefst irreführend sein.

Besonders irreführend scheint es mir, wenn man diese Gleichsetzung im Kontext anderer religiöser Traditionen betrachtet. Für einen Moslem wäre die Behauptung, Jesus sei Gott, die höchste Gotteslästerung. Ein Geschöpf so mit dem Schöpfer zu „assoziieren", hieße für ihn, die absolute Transzendenz des einen Gottes zu leugnen. Ein Hindu sähe sich mit der entgegengesetzten Schwierigkeit konfrontiert: Für ihn ist es kein Problem, von Jesus als Gott zu sprechen, da im Hinduismus jedes menschliche Wesen potentiell göttlich ist; jeder, der seine Göttlichkeit verwirklicht hat, erwirbt das Recht, Gott oder *Bhagavan* genannt zu werden. Jesus erscheint ihm also einfach als *Avatar,* als eine der vielen Formen, in der Gott auf der Erde erschienen ist. Wenn Jesus als Gott bezeichnet wird, bedeutet das zugegebenermaßen auch für viele Katholiken, daß er ein göttliches Wesen ist, das auf der Erde erscheint. Wie Karl Rahner feststellte, vertreten viele Katholiken, ohne es zu wissen, einen Monophysitismus, jene altkirchliche Lehre, wonach die zwei Naturen Christi – wahrer Gott und wahrer Mensch – zu einer neuen gottmenschlichen Natur verbunden sind. Sie glauben nur an die Gottesnatur Christi, das heißt, für sie ist Jesus der auf Erden erscheinende Gott, und nicht der im Neuen Testament dargestellte Mensch in seiner einzigartigen Beziehung zu Gott.

Die Sprache der späteren Theologie ist ein typisches Beispiel für das abstrakte, logisch-analytische Denken des Westens, das im Gegensatz steht zum konkreten, symbolischen, umfassenden Denken der Bibel und der Antike.

Das Wort „*Gott*" wird im Neuen Testament, wie Karl Rahner aufzeigte, niemals als abstrakter Begriff gebraucht, sondern bedeutet normalerweise Gott, der Vater. Es gibt in der Tat nur sechs Stellen im ganzen Neuen Testament, an denen Jesus der Name Gottes gegeben wird, aber in jedem einzelnen Fall geschieht dies nicht ohne nähere Qualifizierung. Die einzige absolut unzweideutige Stelle ist das Wort des Thomas im Johannes-Evangelium (Joh 20,28): „*Mein Herr und mein Gott!*" Eher ein Ausdruck der Ergebenheit als der Theologie, markiert er jedoch genau den Punkt, an dem die neue Sprache sich zu entwickeln begann. Wenig später, zu Beginn des 2. Jahrhunderts, begann **Ignatius von Antiochia** sie recht frei zu gebrauchen. Insgesamt bleibt diese Anrede im Neuen Testament die Ausnahme und ist das Ergebnis eines längeren gedanklichen Prozesses.

Herr und Christus

Wenn wir sehen wollen, wie Jesus von seinen ersten Jüngern gesehen wurde, wenden wir uns am besten der Apostelgeschichte und der Darstellung des Pfingstereignisses zu. **Petrus** verkündet und erklärt dort zum ersten Mal vor den Menschen die Botschaft des Evangeliums (Apg 2,22–23): „*Israeliten, hört diese Worte: Jesus, den Nazoräer, den Gott vor euch beglaubigt hat durch machtvolle Taten, Wunder und Zeichen, die er durch ihn in eurer Mitte getan hat, wie ihr selbst wißt – ihn, der nach Gottes beschlossenem Willen und Vorauswissen hingegeben wurde, habt ihr durch die Hand von Gesetzlosen ans Kreuz geschlagen und umgebracht.*" So also lauten die Begriffe genau, in denen das Neue Testament von Jesus spricht: Er ist ein Mensch, der gekreuzigt wurde, und den Gott auferweckte – und es war Gott, der ihn zu einem „*Herrn*" und „*Christus*" gemacht hat.

„*Herr*" und „*Christus*", das heißt Messias, sind die Begriffe, mit denen die Urkirche Jesus gewöhnlich bedachte. Das griechische Wort *kyrios,* meist mit *„Herr"* übersetzt, kann unterschiedliche Bedeutungen tragen. Es kann einfach ein Ausdruck des Respekts sein (wie das englische *Sir*) oder aber auch *„Besitzer"* bedeuten. Nachdem jedoch im Alten Testament der Name Jahwes aus Respekt vor dem heiligen Namen durch das hebräische *Adonai* (mein Herr) ersetzt wurde, übertrug man dies als *kyrios* ins Griechische; so kam es, daß das Wort *„Herr"* für Gott gebräuchlich wurde. Aber hier sind noch zwei weitere Punkte anzumerken: Erstens bezeichnet der Titel *„Herr"* an sich normalerweise nicht Gott, sondern Gott als den Herrn der Welt; Herr wurde also immer mit Macht und Autorität assoziiert. Zweitens hatte Jesus nach der Vorstellung der Frühkirche seine Herrschaft, d. h. Macht und Autorität, von Gott erhalten. So spricht Jesus am Ende des Matthäus-Evangeliums: *„Mir ist gegeben alle Gewalt im Himmel und auf Erden."*

Paulus verwendet die gleiche Sprache. Er unterscheidet immer zwischen *„Gott und Vater"* und dem *„Herrn Jesus Christus"*, wenn er schreibt, daß Gott Christus *„von den Toten auferweckt und im Himmel auf den Platz zu seiner Rechten erhoben hat, hoch über alle Fürsten und Gewalten, Mächte und Herrschaften und über jeden Namen"* (Eph 1,7–21). Die Metapher *„auf den Platz zu seiner Rechten erhoben"* bedeutet natürlich eine Teilhabe an der göttlichen Macht und Autorität – wiederum etwas, das Jesus von Gott *gegeben* wird. Sonst ist Paulus immer sorgfältig darauf bedacht, zwischen Gott und Christus zu unterscheiden. So heißt es etwa in 2 Kor 5,19: *„Ja Gott war es, der in Christus die Welt mit sich versöhnt hat"* – was keinen Sinn ergäbe, wenn man Jesus mit Gott einfach identifizierte. Noch deutlicher unterscheidet Paulus im Brief an die Korinther (1 Kor 3,23): *„...ihr aber gehört Christus, und Christus gehört Gott"*. Schließlich gibt es noch einen Abschnitt, in dem er den Endzustand der Welt schildert (1 Kor 15,28): *„Wenn ihm dann alles unterworfen ist, wird auch er, der Sohn, sich dem unterwerfen, der ihm alles unterworfen hat, damit Gott herrscht über* *alles und in allem.*" Hier ist der Sohn eindeutig des Menschen Sohn, der himmlische Mensch, der nach Vollendung seines Schöpfungswerks zum Vater zurückkehrt, zur Quelle von allem.

Ich bin Gottes Sohn

Selbst im Johannes-Evangelium, das das Wort Gott tatsächlich für Jesus gebraucht, wird die Unterscheidung zwischen Jesus und Gott klar bestätigt. Wenn im Prolog steht *„Im Anfang war das Wort, und das Wort war bei Gott, und Gott war das Wort"*, wird fein unterschieden zwischen dem Wort Gott mit Artikel *(ho theos)* und ohne Artikel *(theos)*. Dieser Unterschied mag subtil anmuten, aber er ist von Bedeutung. Im ganzen Johannes-Evangelium bekräftigt Jesus immer wieder sein völliges Angewiesensein auf Gott. So sagt er (Joh 5,30): *„Von mir selbst aus kann ich nichts tun; …weil es mir nicht um meinen Willen geht, sondern um den Willen dessen, der mich gesandt hat."* An einer anderen Stelle (Joh 5,19) heißt es: *„Der Sohn kann nichts von sich aus tun, sondern nur wenn er den Vater etwas tun sieht."* Auffallend ist, daß er, als man ihm vorwirft, er habe sich den Menschen als Gott ausgegeben, nicht bestätigend erwidert, daß er Gott sei, sondern zitiert (Joh 10,34–36): *„Heißt es nicht in eurem Gesetz: Ich habe gesagt, ihr seid Götter? … dürft ihr dann von dem, den der Vater geheiligt und in die Welt gesandt hat, sagen: Du lästerst Gott – weil ich gesagt habe: Ich bin Gottes Sohn?"*

Es besteht kein Zweifel daran, daß Jesus glaubte, in einer einzigartigen Beziehung zu Gott zu stehen – wie ein Sohn zu seinem Vater. Er konnte sagen *„daß ich im Vater bin und daß der Vater in mir ist"* (Joh 14,10), ja sogar *„Ich und der Vater sind eins"* (Joh 10,30). Er konnte aber nicht sagen *„Ich bin der Vater".* Das wäre gleichbedeutend mit *„Ich bin Gott",* und so etwas hätte Jesus niemals geäußert. Schließlich, ganz am Ende des Johannes-Evangeliums (Joh 20,17), bekräftigt Jesus nach seiner Auferstehung die Unterscheidung zwischen sich selbst und Gott mit größter Klarheit: *„Ich gehe hinauf zu meinem Vater und zu eurem Vater, zu meinem Gott und zu eurem Gott.“* Die Frage der simplen Identifikation Jesu mit Gott stellt sich also nicht einmal im Johannes-Evangelium.

Wenn wir uns nun den früheren Evangelien zuwenden und fragen, wie man Jesu Selbstdarstellung wahrgenommen hat, können wir feststellen, daß er auf die Anrede *„Guter Meister“* mit einem Einwand reagierte (Mk 10,17–18): *„Was nennst du mich gut? Niemand ist gut außer Gott, dem Einen.“* Er unterscheidet damit unmißverständlich zwischen sich und Gott.

Wir können mit Gewißheit sagen, daß es zwei Gestalten gab, mit denen Jesus sich identifizierte. Die erste ist die des Menschensohns.

Der Menschensohn

Es ist offenkundig, daß Jesus sich hauptsächlich und essentiell als Menschensohn sah. Über diesen Punkt haben die Gelehrten schon sehr ausgiebig debattiert, daß sich Jesus jedoch in der synoptischen Überlieferung als des Menschen Sohn betrachtet, steht außer Frage. Es ist sehr aufschlußreich, daß er in keiner anderen Schrift der frühen Kirche als Menschensohn bezeichnet wird. Er selbst spricht im Evangelium von sich immer als vom Menschensohn, und nach ihm verschwand dieser Titel. Es ist fast unvorstellbar, daß ihn die Kirche erfunden und Jesus verliehen haben sollte, um ihn dann wieder fallenzulassen.

Auf das einzige Beispiel im Neuen Testament, daß der Begriff Menschensohn von einem anderen als von Jesus selbst ausgesprochen wird, stoßen wir bald nach dem Pfingstereignis. Bevor **Stephanus** gesteinigt wird, spricht er *„Ich sehe den Himmel offen, und des Menschen Sohn zur Rechten Gottes stehen“* (Apg 7,56). Dies ist das einzige Mal, danach verliert sich der Begriff gänzlich. Man kann also mit Gewißheit sagen, daß

Jesus sich selbst als des Menschen Sohn betrachtete. Der Begriff Menschensohn ist der bedeutungsvollste aller Titel Jesu.

Was bedeutet das Wort Menschensohn? Zunächst und ganz offensichtlich bedeutet es Mensch. Der Psalmist sagt beispielsweise (Ps 8,5): *„Was ist der Mensch, daß du an ihn denkst, des Menschen Sohn, daß du dich seiner annimmst?"* *„Des Menschen Sohn"* ist hier gleichbedeutend mit *„Mensch"*. Jesus präsentiert sich also in erster Linie als ein Mensch, als Mensch unter Menschen. Eine zweite wichtige Passage findet sich in der Vision Daniels im Alten Testament (Dan 7,13): *„Da kam mit den Wolken des Himmels einer wie ein Menschensohn."* Dieser eschatologische Sohn des Menschen – ein Menschensohn, der am Ende der Zeiten kommen soll – war Jesus gewiß bekannt. Vor der Kreuzigung, beim Prozeß vor dem Hohepriester, fragte ihn dieser (Mt 26,63–64): *„Ich beschwöre dich bei dem lebendigen Gott, sag uns: Bist du der Messias, der Sohn Gottes?"* Jesus antwortete darauf nicht direkt – er wollte den so leicht mißzuverstehenden Titel Messias nicht –, sondern sprach: *„Du hast es gesagt. Doch ich erkläre euch: Von nun an werdet ihr den Menschensohn zur Rechten der Macht sitzen und auf den Wolken des Himmels kommen sehen."*

Damit identifiziert er sich deutlich mit dem Menschensohn im Buch Daniel, der am Ende der Zeit kommt und Herrschaft, Macht und Herrlichkeit empfängt, die ihm von Gott gegeben wird. Jesus betrachtet sich demnach selbst als Mensch, als Mensch unter Menschen, und als der eine, der am Ende kommen und alles erfüllen soll.

Der Knecht Jahwes

Aber er identifiziert sich auch mit dem leidenden Knecht Jahwes aus dem Buch Jesaja (Jes 53), jener herrlichen Gestalt, die eher der Knecht Jahwes als Jahwe selbst ist. Es ist wichtig, sich darüber im klaren zu sein, daß sich Jesus nicht mit Jahwe identifiziert, sondern mit dem Knecht Jahwes. Und jener

Knecht Jahwes ist es auch, der um der Welt willen leidet. Er gibt sein Leben als Opfer für viele. Das dreiundfünfzigste Kapitel im Buche Jesaja, das vom Knecht Jahwes handelt, gehört zu den großartigsten Abschnitten des Alten Testaments. Jesus sah sich ganz gewiß als der leidende Knecht, und offensichtlich hat keiner je zuvor diesen transzendenten Menschensohn, der in den Wolken des Himmels kommt, mit dem leidenden Knecht in sich vereint, der sein Leben für die Welt hingibt.

Was Jesus hier tat, zeugt von einer gewaltigen Einsicht. Jesus als Mensch tauchte gewissermaßen ein in das Alte Testament und entdeckte sich selbst in ihm abgebildet. Er sah sich sowohl als des Menschen Sohn als auch als leidender Knecht Jahwes. Er ging folgsam dem Tod am Kreuz entgegen, weil er wußte, daß dies der Wille seines Vaters zur Rettung der Welt war.

Aber Jesus ging weiter. Er sah sich nicht nur als Mensch, als Menschensohn im Himmel, sondern identifizierte sich mit allen Menschen. Er sagte (Mt 25,40): *„Was ihr für einen meiner geringsten Brüder getan habt, das habt ihr mir getan."* Sehr klar verstand er sich als *„repräsentativer"* Mensch. Ähnlich repräsentativ steht der leidende Knecht in Jesaja für Israel. Er war offensichtlich ein Individuum, aber auch ein repräsentativer Mensch. So ist Jesus der Repräsentant, der Bruder aller, der sich mit allen Menschen identifiziert und in sehr realem Sinn alle Menschen repräsentiert. Dies führt uns zu der interessanten Frage nach der Beziehung des Menschensohns zum originalen, ursprünglichen Menschen.

Der Urmensch

Ich möchte dieses Thema besonders ausarbeiten, weil der ursprüngliche oder kosmische Mensch auch in den iranischen, chaldäischen und ägyptischen Traditionen auftaucht. Mit anderen Worten: Alle diese Länder um Israel, Persien, Babylon und Ägypten kennen die Idee eines Urmenschen, eines archetypischen Menschen, aus dem die Schöpfung hervorgeht. Die Idee des kosmischen Menschen findet sich weiter im Hinduismus, Buddhismus und im Islam. Sie ist also durchaus als ein universelles Konzept zu betrachten. Wenn wir Jesus in diesem Kontext sehen, gewinnen wir ein Bild von ihm, das ihn auf bedeutsame Weise mit der Weltgeschichte und dem Gottesverständnis des Menschen verbindet.

Es ist sehr zweifelhaft, ob Jesus selbst von diesen Traditionen wußte, aber ich halte es für sehr wahrscheinlich, daß er sich in seinem Denken als jener ursprüngliche Mensch verstand. Signifikant sind hier die Abschnitte im Johannes-Evangelium, in denen Jesus die Worte *„Ich bin"* gebraucht. *„Ich bin"* ist natürlich der Name, unter dem Jahwe sich Moses offenbart hatte, und indem Jesus diese Worte verwendet, identifiziert er sich mit Gott. Der Satz *„Noch ehe Abraham wurde, bin ich"* (Joh 8,58) wurde gewiß als Hinweis darauf verstanden, daß er Gott sein müsse. Dies, möchte ich meinen, ist nicht zwangsläufig so. Der ursprüngliche Mensch war vor Abraham und vor allen Menschen, und ich denke, es ist sehr wahrscheinlich, daß Jesus sich mit diesem ursprünglichen oder himmlischen Menschen identifizierte, der vor aller Schöpfung war.

Das entsprechende Material aus der jüdischen Tradition ist sehr interessant. Es ist wahr, daß es in jener Überlieferung wenige Anzeichen für diesen ursprünglichen Menschen gibt – bis auf das Buch Henoch, das nicht lange vor der Zeit Christi geschrieben wurde. Es befand sich seinerzeit gewiß im Umlauf und könnte deshalb auch Jesus bekannt gewesen sein. Im Buch Henoch erscheint die Figur des Menschensohns und wird mit dem *„Alten der Tage"* identifiziert, der vor der Schöpfung existierte. Dies spricht dafür, daß Jesus sich mit jenem Menschensohn vor der Schöpfung identifizierte, als er sprach: *„Noch ehe Abraham wurde, bin ich."* Das Buch Henoch berichtet, daß dieser Menschensohn bis zu seiner letztendlichen Manifestation verborgen war. Er war verborgen vor der Welt und manifestiert sich an ihrem Ende.

Das verbindet ihn mit dem Menschensohn im Buch Daniel. Hier wiederum gibt es einen Menschensohn, der von Anbeginn an existiert, aber erst beim *Eschaton,* am Ende der Welt, kommt und der in der gegenwärtigen Welt als der Inkarnierte anwesend ist.

Ein anderer Aspekt hierbei ist, daß der Menschensohn im Buch Henoch auch mit dem Messias identifiziert wird, was die These erhärtet, daß Jesus sich selbst in diesen Begriffen gesehen haben könnte. Obwohl Jesus zögerte, den Titel Messias anzunehmen, weil dieser auch rein politisch verstanden werden konnte, vermochte er ihn doch in einem transzendenten Sinn zu akzeptieren.

Im Hinblick auf den Menschensohn und Adam standen die Juden vor einem ernsten Problem. Adam war ein gefallener Mensch, und so konnten sie den ursprünglichen Menschensohn nur mit großer Mühe mit Adam, dem ersten Menschen, identifizieren. Doch sie fanden eine Basis, auf der diese Identifizierung möglich wurde.

Philon von Alexandria, der große jüdische Philosoph im ersten nachchristlichen Jahrhundert, vertrat die interessante, wenn auch kaum akzeptable Theorie, daß es zwei Adams gegeben habe. Das erste Kapitel der Genesis spricht von dem Adam, der nach dem Bilde Gottes erschaffen wurde und der nach Philons These der himmlische, ursprüngliche Mensch gewesen sei. Im zweiten Kapitel der Genesis ist von einem Adam die Rede, der aus dem Staub der Erde erschaffen wurde. Dieser Adam fiel und brachte die Sünde in die Welt. Diese Theorie Philons mutet sehr konstruiert an, aber sie verdeutlicht das Problem, das der Begriff des himmlischen Menschen für die Juden bedeutete; und sie vermag zu erklären, warum man dem Thema des himmlischen Menschen nicht weiter nachging.

Im Gegensatz zu den Juden nahmen die Gnostiker den Gedanken an den himmlischen Menschen generell auf und gaben ihm ihre eigene Interpretation. Sie nahmen an, daß Adam, der erste Mensch, vollkommen war. Er war der archetypische Mensch. Die Welt war von ihm abgefallen, und die Erlösung bestand darin, daß alles wieder zum ursprünglichen Zustand zurückgeführt würde. Mit anderen Worten: Das Ziel war die Wiederherstellung des Originalzustandes. Das ist typisch gnostisch. In der jüdisch-christlichen Tradition jedoch findet sich immer eine Bewegung, ein Aufstieg zu einem Ziel hin. Hier schreitet die Welt in einem evolutionären Aufstieg zu ihrer letztlichen Erfüllung voran; die simple Rückkehr zum Ursprung kommt nicht in Frage.

Ebenbild Gottes

Der archetypische Mensch soll nach dem Bilde Gottes erschaffen worden sein. Im Neuen Testament wird Jesus als das *„eikon tou theou"*, das Ebenbild Gottes betrachtet. Er ist es, der – wie der ursprüngliche Mensch – vom Himmel kommt. Entsprechend sagt Jesus im Johannes-Evangelium (Joh 3,13): *„Und niemand ist in den Himmel hinaufgestiegen außer dem, der vom Himmel herabgestiegen ist: Der Menschensohn."*

Im Brief an die Philipper (Phil 2,6) findet sich eine sehr interessante Passage, in der Paulus davon spricht, daß Jesus *„morphe tou theou"*, die Gestalt Gottes habe. Die meisten Exegeten folgern aus dieser Stelle, daß er Gott gewesen sei, aber ich schließe mich lieber **Oscar Cullmann** an, der in seiner *Christologie des Neuen Testaments* (1967) äußerst klar und überzeugend einen anderen Standpunkt darlegt. Das griechische Wort *morphe,* die Form, ist das gleiche wie *murti* im Sanskrit. Gott hat an sich keine *morphe.* Jesus als Gestalt oder Ebenbild Gottes zu bezeichnen, bedeutet nicht, daß er Gott, sondern daß er dieser ursprüngliche Mensch war, der genau und definitionsgemäß dem Bilde Gottes entsprach. Er war die Form, in der Gott sich offenbarte, also die Manifestation oder *morphe* Gottes. Er leerte sich von der *morphe,* dem himmlischen Zustand, und nahm die Gestalt eines Menschen an. Der universelle Mensch wurde Mensch und nahm die Knechtsgestalt an. Als der leidende Knecht akzeptierte er den Tod, sogar den Tod am Kreuz. So wurde der himmlische Mensch zum Menschen. Als Mensch akzeptierte er Leiden und Tod, und deshalb erhöhte ihn Gott. Gott erhob ihn aus dem Tode und gab ihm einen Namen, der über jedem anderen Namen im Himmel und auf Erden stand. Mit anderen Worten: Er wurde als Herr und als Christus in den höchsten Status erhoben – aber er wurde nicht zu Gott.

Der zweite Adam

Paulus entwickelt diesen Gedanken weiter, ohne den Titel Menschensohn zu gebrauchen, indem er sich auf Christus als den zweiten Adam bezieht. Im ersten Brief an die Korinther (1 Kor 15,47) schreibt er zum Beispiel: *„Der Erste Mensch (Adam) stammt von der Erde und ist Erde; der Zweite Mensch stammt vom Himmel."* Hier verwendet Paulus das gleiche Bild, sieht den „himmlischen Menschen" aber am Ende, nicht am Anfang kommen. Im Brief an die Römer (Römer 5,14) wiederum schreibt er über diesen ersten Adam, er *„ist die Gestalt (typos), die auf den Kommenden hinweist."* Aus der Sicht des Paulus ist Adam der gefallene Mensch, und er ist der Typ des neuen Menschen in Christus, der kommen und alle Dinge erfüllen soll. Paulus spricht ständig von dem neuen Menschen im Verhältnis zum alten. Ein gutes Beispiel dafür ist seine Aufforderung, den alten Menschen mit seinen bösen Werken abzulegen und den neuen Menschen anzuziehen, der nach dem Bilde Gottes geschaffen ist (Eph 4,22–24). Im gleichen Brief an die Epheser finden wir jene schöne Passage (Eph 2,14–15), auf die wir uns schon weiter oben bezogen haben: *„Denn er ist unser Friede. Er vereinigte die beiden Teile (Juden und Heiden) und riß durch sein Sterben die trennende Wand der Feindschaft nieder. Er hob das Gesetz samt seinen Geboten und Forderungen auf, um die zwei in seiner Person zu dem einen neuen Menschen zu machen. Er stiftete Frieden."* Das ist die Idee von Christus als dem neuen Menschen, der die zerbrochene Menschheit in sich selbst wieder vereint und in diesem Sinne der neue Adam ist.

Der Brief an die Kolosser geht noch weiter. Hier ist Christus *„das Ebenbild des unsichtbaren Gottes"*; ein Ebenbild im tiefsten Sinne, als ein reflektiertes Bild. Der Text sagt also, daß Christus den unsichtbaren Gott reflektiert oder manifestiert. Im gleichen Vers heißt es weiter *„der Erstgeborene der ganzen Schöpfung"*, das heißt, Christus ist nicht nur der Mensch, der am Ende der Schöpfung kommt, sondern der Mensch, der im Anfang war. Dieser Gedanke entspricht der uralten Idee, daß zuerst die geistige Welt kommt; der himmlische Mensch aber ist der archetypische Mensch, der im Anfang war, das Muster, von dem alle Menschen abgeleitet sind. Der ursprüngliche Mensch ist genau der Archetyp, der Erstgeborene vor aller Schöpfung. *„Denn in ihm wurde alles geschaffen … alles ist durch ihn und auf ihn hin geschaffen"* (Kol 1,16), aber nicht – wir stellten es bereits fest – *von* ihm. Gott erschafft alles in Christus, durch Christus und zu Christus hin, auf diesen Archetyp des Menschen zu. Im Kolosser-Brief (Kol 1,17) heißt es weiter: *„In ihm hat alles Bestand."* In ihm kommen und halten alle Dinge zusammen. Er wird der Mittelpunkt, der die ganze Schöpfung zur Einheit versammelt. Schließlich schreibt Paulus (Kol 2,9): *„Denn in ihm allein wohnt wirklich die ganze Fülle Gottes."*

Jetzt können wir nachvollziehen, wie es dazu kommt, daß Jesus als Gott bezeichnet wird. Er empfängt die Fülle der Gottheit *„leibhaftig"*, das heißt in seinem menschlichen Wesen. Er ist der kosmische Mensch, dem die Fülle der Gottheit offenbart wird.

Der Sohn Gottes

Diese Vorstellung von Jesus als dem kosmischen Menschen oder kosmischen Herrn, der Manifestation Gottes für die Welt, ist für uns der Schlüssel zur neutestamentarischen Sicht des

Verhältnisses von Jesus zu Gott. Sie spiegelt sich wider im Gebrauch des Begriffes „Sohn Gottes", wie er sowohl von Jesus selbst als auch später von seinen Jüngern verwendet wurde. Ob Jesus selbst dieses Wort ausgesprochen hat, wurde schon ausgiebig diskutiert. Man kann sich jedoch – wie Oscar Cullmann gezeigt hat – kaum der Folgerung entziehen, daß es auf ihn selbst zurückgeht, auch wenn er es nur mit großer Diskretion gebrauchte.

Es besteht kein Zweifel darüber, daß Jesus sich in seinem Verhältnis zu Gott wie ein Sohn gegenüber einem Vater erlebte. Er gebrauchte *Abba* (Vater) als Anrede für Gott, einen Begriff großer Nähe und Vertrautheit. Jesus selbst erkannte sich in dieser Beziehung tiefster Vertrautheit mit Gott als seinem Vater, und im Matthäus- wie im Lukas-Evangelium (Mat 11,27) steht geschrieben: *„Niemand kennt den Sohn, nur der Vater, und niemand kennt den Vater, nur der Sohn und der, dem es der Sohn offenbaren will."* Diese Äußerung entspringt gewiß dem Denken Jesu. Er wußte sich in diesem einzigartigen Bewußtsein, dem er nur Ausdruck zu geben vermochte, indem er sich selbst als Sohn in einem einzigartigen Sinne bezeichnete. Dies wiederum wurde zum Hauptmotiv im Evangelium des Johannes, der sich zweifellos auf seine Kenntnis des innersten Erlebens Jesu stützte.

Dies bestätigt auf interessante Weise der Brief an die Hebräer (Heb 1,1–2), in dem steht: *„Viele Male und auf vielerlei Weise hat Gott einst zu den Vätern gesprochen durch die Propheten; in dieser Endzeit aber hat er zu uns gesprochen durch den Sohn, den er zum Erben des Alls eingesetzt und durch den er auch die Welt erschaffen hat."* Hier wird Jesus – wie bei Paulus – als *„Erbe über alles"* gesehen, das heißt als der Eine, der *„alle Dinge zum Ziel bringt"* und das Ende aller Evolution darstellt, aber auch der kosmische Mensch, durch den die Welt erschaffen wurde. Höchst interessant ist jedoch, daß der Verfasser des Hebräer-Briefes dieses erhabene Bild vom Wesen Jesu Christi zeigt und zugleich seine Menschlichkeit zutiefst erfaßt.

An keiner anderen Stelle im Neuen Testament kommt die menschliche Schwäche Jesu so deutlich zum Vorschein wie im Hebräer-Brief (Heb 5,7–8): *„Als er auf Erden lebte, hat er mit lautem Schreien und unter Tränen Gebete und Bitten vor den gebracht, der ihn aus dem Tod retten konnte, und er ist erhört und aus seiner Angst befreit worden."* Hier verschmelzen wieder der himmlische Mensch und der leidende Knecht. An derselben Stelle heißt es weiter: *„Obwohl er der Sohn war, hat er durch Leiden den Gehorsam gelernt."* Dies ist ein weiteres Beispiel der vielseitigen Komplexität des Christusbildes im Neuen Testament. Wir brauchen nur noch den Aufschrei Jesu am Kreuz hinzuzufügen: *„Mein Gott, mein Gott, warum hast du mich verlassen?"*, um die Tiefe des Mysteriums Christi zu erahnen, der, obwohl er *„in göttlicher Gestalt"* war, sich selbst leerte und jenes Gefühl des Getrenntseins von Gott erlebte, das die gefallene Menschheit belastet.

Wort Gottes

Im Brief an die Hebräer wird Jesus auch als *apaugasma*, als Widerspiegelung, Glanz, Abdruck, Eindruck und Ausdruck der Gottheit bezeichnet. Der Begriff *apaugasma* stammt aus dem Buch der Weisheit Salomos, dem letzten Buch des Alten Testaments, das – wie der Hebräer-Brief – vermutlich in Alexandria unter platonischem Einfluß geschrieben wurde. Es zeigt das genaue Verhältnis Jesu zu Gott als Ebenbild, Abbild, als Spiegelbild der Gottheit an. Diese Idee liegt auch dem Begriff des Wortes Gottes *(logos)* im Johannes-Evangelium zugrunde. *Logos,* das Wort, ist in erster Linie als das Wort Gottes zu verstehen, das zu den Propheten des Alten Bundes kam und sich nun in Jesus voll offenbarte.

Aber sein Bedeutungsspektrum reicht noch weiter. Der Logosbegriff war in der griechischen Welt – in der das Johannes-Evangelium aufgezeichnet wurde – ein geläufiger Begriff, und auch der Verfasser dieses Evangeliums muß sich dessen bewußt gewesen sein. Der Logosbegriff wurde von **Heraklit** für die Ur-Sache, die das Universum regierte, geprägt. Dadurch, daß das Evangelium von Jesus als dem Logos spricht, setzt es Jesus klar in einen Zusammenhang mit jenem Ur-Wort, das der Jude **Philon von Alexandria** bereits als Bezeichnung für den Gott im Alten Testament verwendet hatte. So gelangen wir wieder zu jener ursprünglichen Selbstmanifestation der Gottheit, zu dem Wort, das dem Denken Gottes Ausdruck gibt.

Johannes aber geht weiter und formuliert (Joh 1,3): *„Alles ist durch das Wort geworden, und ohne das Wort wurde nichts, was geworden ist."*

Dies eröffnet uns eine ganz neue Dimension. Das Wort Gottes ist Ausdruck des Denkens Gottes, und im Denken Gottes sind die Urbilder alles Erschaffenen. Die Griechen sprachen von den *logoi* oder *dynameis* (Energien) in der Schöpfung, die alle den Logos, das Urwort und die Urenergie widerspiegeln. Aus jenem Wort Gottes kommt die ganze Schöpfung ewig hervor. Alle Dinge entspringen ewig aus Gott und seinem Wort und werden durch jenes Wort in Zeit und Raum hervorgebracht. Wieder sehen wir, wie das Wort nichts anderes ist als der kosmische oder archetypische Mensch, durch den alles ins Dasein kommt und in dem alle Dinge *„zusammenhalten"*. Alle Dinge werden durch das Wort, das Musterbild der ganzen Schöpfung. Alle Dinge beziehen ihre Lebenskraft aus jener unerschaffenen Energie, die die Quelle aller erschaffenen Energie ist. Durch dieselbe Macht des Wortes werden alle Dinge zur Quelle ihres Daseins zurückgezogen. Der Apostel Paulus formuliert das im Ephester-Brief so (Eph 1,10): *„Er hat beschlossen, die Fülle der Zeiten heraufzuführen, in Christus alles zu vereinen, alles, was im Himmel und auf Erden ist."*

Dies ist also die Stellung Christi aus der Sicht des Neuen Testaments. Er ist nicht eigentlich Gott, sondern das Wort Gottes, das Bild Gottes, die Selbstoffenbarung, die Selbstmanifestation Gottes; er spiegelt sich in der ganzen Schöpfung wider und bringt sie zu Gott zurück.

Die Stelle im Neuen Testament, die der Aussage, Jesus sei Gott, am nächsten kommt, findet sich in den Eingangsworten des Johannes-Evangeliums: Das Wort, das *„Fleisch ward"* in Jesus, war Gott *(theos)*, bei oder in bezug auf Gott *(pros ton theon)*. Jesus wird hier unmittelbar *„bei Gott"*, besser vielleicht *„in bezug auf"* Gott verstanden. Darauf stützt sich die ganze spätere Theologie der Trinität. Es ist also durchaus korrekt zu sagen, daß Jesus Gott ist; dies sollte aber immer in einem Atemzug mit der präzisierenden Ergänzung, daß er *„Gott von Gott"* ist, geschehen, daß seine Göttlichkeit also vom Vater empfängt, was ihn als Sohn charakterisiert. Darüber hinaus ist er nicht einfach Gott, sondern Gott im Mensch und Mensch in Gott. Er ist das *„Fleisch gewordene Wort"*. So betrachtet, stammt der Sohn ewig vom Vater.

Dieser Prozeß ist nicht nur eine zeitlich-vorübergehende, sondern eine ewige Realität. Der Sohn entspringt ewig dem Vater als dessen Selbstmanifestation; als sein Selbstausdruck manifestiert sich Gott in der ganzen Schöpfung und zieht alles in Zeit und Raum in die Fülle des göttlichen Seins. So verstanden, taucht Jesus nicht als ein isoliertes Phänomen auf, als eine plötzliche Erscheinung Gottes auf Erden. Er ist vielmehr die Erfüllung des ganzen Schöpfungsplans, zieht die Vielfalt des Erschaffenen in die Einheit zurück und die Menschheit zu Gott, in jene Fülle des Seins, für die sie erschaffen wurde. Aus dieser Sicht läßt sich die Verbindung Jesu mit jenen anderen Formen des ursprünglichen Menschen, des universellen Menschen erkennen, die sich in den Traditionen des Hinduismus, des Buddhismus und des Islams finden.

5.

DER INNERE CHRISTUS

Abstieg ins Unbewußte

Meditation öffnet die Türen für eine tiefere Bewußtseinsebene, für den inneren Christus. Durch Schweigen und *„Leerwerden"* wird dies möglich. Wenn wir *„leer-werden"*, bekommt Christus mehr Platz in uns. Als er *„in die Hölle hinabgestiegen"* ist, mußte er diesen schrecklichen Kräften im Unterbewußtsein entgegentreten, und durch seine psychische Ausdauer machte er uns frei. Abstieg in die Hölle bedeutet den Abstieg in das Unbewußte, und in jedem Menschen liegt unterhalb des persönlichen Unbewußten mit all seinen Wunden aus der Kindheit die Ebene des kollektiven Unterbewußten. Hier wurzeln wir alle im Ursprung der Menschheit. Manche Jung'sche Psychologen glauben, daß jeder Mensch im Mutterleib alle Phasen der psychischen und physischen Evolution durchläuft. Wenn wir tief genug nach innen gehen, finden wir in uns die ganze Vergangenheit des Menschen und entdecken dort unsere Verwandtschaft mit den primitiven Völkern. Es ist deshalb unglücklich, wenn wir solche Völker, beispielsweise in Amerika oder Australien, ablehnen. Unser bewußter Geist lehnt etwas ab, das dabei tief in uns verborgen liegt, und solange wir dies nicht erkennen, werden wir nicht geheilt. Wir müssen diese tiefen Gefühle im Unbewußten erkennen, so wie Jesus sich am Kreuz dem Unbewußten öffnete und die ganze menschliche Geschichte erkannte. Alle Menschheit ist in ihm – er kennt die Wunden der Menschheit. Er *„ertrug unsere Wunden am Kreuz"*. Dies ist der Ursprung seines Mitgefühls. Es gibt nichts, das irgendwo einem Kind geschehen könnte, das Jesus in der Tiefe seines Seins nicht in sich selbst durch seine Erfahrung unserer menschlichen Tragödie

kennen würde. Er tritt diesen Kräften entgegen und über-
windet sie durch Ausdauer. Wir überwinden diese Kräfte
nicht dadurch, daß wir sie bekämpfen und sie mit unserem
Ego unterdrücken, sondern daß wir zulassen, daß sie nach
oben in unser Bewußtsein treten und wir sie Gott offenbaren
können. Dann können sie geheilt und mit uns versöhnt
werden.

Die Dämonen, denen Jesus begegnete und denen er ausgesetzt war, sind die unterdrückten Kräfte des Unterbewußten.
Von Kindheit an unterdrücken wir Ärger, Furcht, Haß und
Begierden, und später tauchen diese Gefühle, die wir nicht
kontrollieren können, auf eine gefährliche Weise wieder auf.
Wir alle sind davon betroffen. Jesus trat diesem Konflikt im
menschlichen Unterbewußten entgegen. Er gab sich mit Liebe
diesen Kräften hin und ließ zu, daß sie in ihm walten konnten. Und schließlich trug er sie in seinem eigenen Körper und
Sinn zum Vater, dem Ursprung aller Gnade und allen Mitgefühls. Dies ist unsere Erlösung.

Begegnung mit Christus

So ermöglicht uns die Meditation eine Begegnung mit
Christus, dem Erlöser. Wir alle bedürfen dieser Erlösung.
Häufig versuchen wir, aus unserem Leben das Beste zu machen und uns selbst davon zu überzeugen, daß die Dinge
eigentlich nicht so schlecht liegen. Aber das gelingt uns nicht
wirklich, und nach einiger Zeit nehmen wir erneut die tiefen
Wunden in uns selbst und unserer Umwelt wahr und bedürfen der Gnade der Heilung.

Der Christus, dem wir in der Meditation begegnen, ist der
auferstandene Christus, der die Wunden der Menschheit zum
Vater, das heißt zum Urgrund unseres Seins, getragen und uns
so die endgültige Erlösung gebracht hat. Erlösung bedeutet,
daß Jesus alle Wunden der Menschheit in sich aufgenommen
und diese zu Gott, dem Vater, gebracht hat.

Die Kräfte des Unbewußten jedoch sind kosmische Kräfte, da die Menschheit nicht nur aus Individuen besteht. Wir alle gehören zu einer Menschheit, die einen Teil des größeren Kosmos darstellt. Die Kräfte des Unbewußten, der Gewalt, des Hasses oder der Angst sind deshalb auch nicht rein menschliche Kräfte, sondern man kann sie als dämonisch bezeichnen.

Im Unbewußten gibt es Dämonen und Engel. Engel sind die Kräfte des Lichts, der Schönheit und des Heils, wogegen Dämonen die Kräfte des Todes, der Zerstörung, der Grausamkeit, der Rache und des Hasses sind. Alles, was zwischen Israelis und Palästinensern, Hindus und Moslems in Indien, Katholiken und Protestanten in Nordirland geschieht, läßt sich auf die kollektiven Kräfte des Unbewußten zurückführen. Diese Menschen sind in dem Maße nicht verantwortlich, in dem sie von diesen schrecklichen Kräften getrieben werden. **Hitler** ist dafür ein gutes Beispiel. Wir alle besitzen eine gewisse Erfahrung im Übersinnlichen, aber er wurde von diesen destruktiven Kräften des Unbewußten beherrscht. Ich erinnere mich daran, daß ich einmal mit einem Juden darüber gesprochen habe, der sich während des 2. Weltkriegs in unserem Kloster aufhielt und eine Rede Hitlers gehört hatte. Er sagte, nach einer dreistündigen leidenschaftlichen Rede Hitlers hätte er den Drang verspürt, aufzuspringen und für ihn zu kämpfen.

Die Kräfte in unserem Unterbewußten können destruktiv aber auch kreativ sein. Wir sollten die Kräfte des Bösen nicht vergessen, aber wir sollten immer daran denken, daß unsere destruktiven Kräfte im Grunde kreativ sind. In ihnen steckt immer etwas Gutes, und wenn man dieses versteckte Gute entdeckt, kann man das Böse von ihnen trennen und sie werden zu kreativen Kräften. Man sollte daher nicht den Wunsch besitzen, die Sünde zu vernichten. Die Sünde trägt in sich stets etwas Gutes. Wenn wir das Gute freisetzen, wird auch das Schlechte verschwinden. Wir überwinden die Dunkelheit nicht dadurch, daß wir sie bekämpfen, sondern dadurch, daß wir sie ans Licht bringen. Jesus hat unsere Wunden und Dunkelheit auf sich genommen und zum Vater gebracht und hat uns so endgültig erlöst.

Das Mysterium der leidenden Liebe

Die Meditation sollte eine Begegnung mit dem auferstandenen Herrn sein, der uns mit dem Vater im Geist versöhnt hat. Christus, der Erlöser, liebt und versteht uns, er teilt unsere Gefühle und empfindet uns gegenüber ein vollkommenes Mitgefühl. Wir brauchen in der Meditation natürlich nicht daran zu denken, aber eine liebevolle Hingabe führt uns dazu, daß wir in die Tiefen des Geistes eintauchen, der die Liebe ist, der uns die Erlösung in Christus bringt und uns zum Vater, dem Ursprung, zurückführt.

Wenn wir tief in die Meditation eintauchen, betreten wir das Mysterium der leidenden Liebe und begegnen den Wunden unserer menschlichen Natur. Wir alle tragen in uns Wunden aus frühester Kindheit, und wir tragen diese Wunden im Unbewußten. Zuerst müssen wir unsere Wunden akzeptieren und erkennen, daß sie Teil der Wunden sind, die die ganze Menschheit vom Anbeginn an in sich trägt. Alle Schwächen, die wir in uns entdecken, und alles Unangenehme schieben wir gerne beiseite und wollen es loswerden. Aber dies ist nicht möglich. Wir müssen das *„dies bin ich"* akzeptieren und sollten zulassen, daß die Gnade zu uns kommt und uns heilt. Es ist das große Geheimnis des Leidens, daß wir unsere Wunden nicht verdrängen, sondern die Tiefen des Unbewußten öffnen und erkennen, daß wir, wenn wir meditieren, keine isolierten Individuen sind, sondern uns dabei das ganze Leid der Menschheitsfamilie erschließen.

Die Dämonen oder Teufel, von denen das Neue Testament spricht, sind die unterdrückten Kräfte des Unbewußten, die die Menschheit quälen. Aber das Unbewußte beherbergt ebenso die Kräfte der Erlösung und der Heilung, die uns frei machen. Wenn der aktive Verstand einmal zur Ruhe gekommen ist – denn es ist ja der Verstand, der alles unterdrückt – so können wir den Geist wahrnehmen, der den guten und bösen Kräften, den Engeln und Dämonen ausgesetzt ist. Die Meditation ist eine Begegnung mit diesen gegensätzlichen Kräften, was die Wüstenväter und der **hl. Benedikt** deutlich erkannt haben. Sie haben oft davon gesprochen, sie gingen in die Wüste, um *„mit diesen Dämonen zu kämpfen"*, denn sie wußten, daß diese Kräfte aus ihrem Unbewußten kommen.

Die Menschen glauben häufig, wenn sie für eine Weile zur Ruhe kommen, sei alles in Ordnung; aber sie stellen schließlich fest, daß diese starken Gefühle an die Oberfläche treten. Deshalb ist die Meditation auch gefährlich. Wenn der Verstand zur Ruhe kommt, wird man mit diesen Kräften konfrontiert. Dieselbe Gefahr besteht auch, wenn man psychedelische Drogen konsumiert, die das Unbewußte freisetzen. Sie beruhigen den Verstand und öffnen die Tür zum Unbewußten. Manchmal werden dabei wunderbare kreative Kräfte freigesetzt, manchmal aber auch negative Kräfte. Es ist deshalb gefährlich, psychedelische Drogen einzunehmen, da man dadurch kreativen und destruktiven Kräften zugleich ausgesetzt wird. (…)

Der Weg der Kontemplation

Im Mittelalter gab es vier Zustände, die ihren Ausdruck im Gebet gefunden haben: *Lectio, meditatio, oratio, contemplatio.* Wir beginnen mit der *lectio,* der Lektüre, die heute der normale Weg der Initiation in eine spirituelle Tradition ist. Die *meditatio,* die Reflexion über die Bedeutung des Gelesenen, ist die praktische Umsetzung im eigenen Leben und die Erkenntnis, wie das göttliche Mysterium, das den Schriften zugrunde liegt, im eigenen Leben wirkt und aktiv ist. Wir kommen so zur *oratio,* dem Lobpreis, der Danksagung und Anbetung Gottes und der Fürbitte für das eigene und die Anliegen der ganzen Welt.

Schließlich führt uns dies zur *contemplatio,* der Besinnung auf das göttliche Mysterium mit dem Herzen, dem inneren Zentrum unseres Seins, wodurch wir direkt in Kontakt mit der Kraft des Heiligen Geistes treten. Dieses sind die normalen Stufen des Gebets, und wir sollten uns mit ihnen beschäftigen. *Lectio, meditatio* und *oratio* sollten in der *contemplatio* als Erfüllung des christlichen Gebets aufgehen.

Wie der große Dominikanertheologe **Garrigou-Lagrange** vor Jahren verdeutlicht hat, ist die Kontemplation eine Erfüllung der Taufe. Alle geistigen Geschenke, die wir bei der Taufe erhalten haben, blühen in der Kontemplation auf. Sie ist deshalb die Erfüllung des christlichen Lebens. So sollten wir es sehen: Die Kontemplation führt uns zur Besinnung auf das göttliche Mysterium im Herzen, wo wir der Kraft des Heiligen Geistes direkt begegnen. Der Heilige Geist ist allumfassend, aber unser direkter Kontakt mit ihm geschieht im Herzen. Andernfalls vermittelt sich der Heilige Geist durch Menschen, und die Erfahrung Gottes ist dann nicht unmittelbar. Die Kraft der Erlösung kann unmittelbar am Ort der direkten Kommunion mit dem Heiligen Geist gefunden werden; hier erfüllt er unser ganzes Wesen und verwandelt uns.

In der Kontemplation erfahren wir das christliche Mysterium in seiner ganzen Tiefe. Dies wiederum sollte im Mitgefühl seinen Ausdruck finden. So können wir die Dualität unseres Verstandes überwinden, die uns von Gott und den anderen Menschen trennt, und wir können erkennen, daß diese Dualität durch Christus überwunden wurde. Die Erbsünde ist der Fall in die Dualität. Der ursprüngliche Mensch wurde geschaffen, um in Körper, Seele und Geist eins und somit für Gott offen zu sein. Der Fall der Menschheit ist der Fall vom Geist in die Psyche, in das Ego, in das isolierte Selbst. Statt uns zu Gott hin zu öffnen, verfallen wir dem Ego und bleiben verschlossen. Wenn man auf die Psyche zurückfällt, verharrt man im Dualismus des Verstandes. Der Verstand, der auf der Erfahrung der Sinne basiert, ist grundsätzlich dualistisch. Er erkennt die Dinge als Gegensätze, als Geist und Materie, als Subjekt und Objekt, als wahr und falsch, als richtig und unrichtig.

Überwindung des Dualismus

Hinter dem Dualismus der Psyche aber steht die Einheit des Geistes. Die Meditation führt uns über den Dualismus hinaus zum vereinten Geist. Christus ist gekommen, um uns von diesem Dualismus zu befreien. Er hat die Trennung überwunden. Der **hl. Paulus** sagte, er *„riß die Trennwand ein"* und vereinte uns am Kreuz in einem Leib. Im Tempel von Jerusalem gab es eine Mauer, die kein Nichtjude ohne Todesqualen überschreiten konnte. Dies ist die Wand, die Jesus überwunden und so den Tempel der ganzen Menschheit geöffnet hat. Wir aber haben die Wände wieder aufgebaut und die Welt geteilt.

Wir sollten heute die Menschheit als einen Leib, als ein organisches Ganzes sehen. Unsere Vorväter sahen Adam in der ganzen Menschheit. Der **hl. Thomas von Aquin** sagte in einem sehr schönen Satz: *„Omnes homines unus homo"* (Alle Menschen sind ein Mensch). Wir alle sind Teil dieses einen Menschen, der gefallen und in Konflikte und Unwissen geteilt ist. Jesus hat die Menschheit, nicht nur die Juden oder Christen, zu dieser Einheit zurückgeführt. Im neuen Adam wird sich die Menschheit ihrer grundsätzlichen Einheit und ihrer Einheit mit dem Kosmos wieder bewußt. Dies entdecken wir heute, wenn wir unsere Menschlichkeit neu entdecken. Ich glaube, daß die modernen Medien, wie das Fernsehen, die uns Ereignisse nahebringen, die weltweit geschehen, uns dabei helfen können zu erkennen, daß diese Probleme Teil unserer eigenen Angelegenheiten sind.

Wir sehen heute die Menschheit als Ganzes, als Teil des kosmischen Ganzen. Wir alle sind Teil dieses Planeten, werden durch ihn vereint und wachsen und leben von ihm. Wir alle sind Teil von allem, wir entwickeln uns durch wechselseitigen Kontakt zu einem organischen Ganzen. Diese Einheit finden wir jenseits der Dualität. Die Menschheit mußte den Dualismus kennenlernen, mußte den Unterschied zwischen richtig und falsch, gut und böse, wahr und unwahr erfahren. Es ist nötig, durch diese Phasen von Trennung und Teilung zu gehen, aber schließlich sollte man sie hinter sich lassen. Das Alte Testament spiegelt diese Dualität wider; stets waren die Israeliten das heilige Volk, und außen lebten die Nichtjuden, die man ablehnte. Die Guten waren für sich, und die Bösen wurden verdammt. Dieser Dualismus findet sich in der ganzen jüdischen Tradition.

Jesus stammte aus dieser jüdischen Tradition, verwendete oft ihre Sprache der Absonderung und Verdammung. Dennoch ging er über diese Tradition hinaus und führte uns an den Punkt, an dem alle Dualität transzendiert wird. Dies wird wunderbar im Johannes-Evangelium wiedergegeben: *„Daß alle eins seien, wie du, Vater, in mir und ich in dir."* Hier verdeutlicht Jesus, daß er mit dem Vater vollkommen eins und dennoch nicht der Vater ist. Es ist eine nicht-duale Beziehung: Sie ist nicht eins und sie ist nicht zwei.

Wenn sich Menschen in Liebe vereinen, werden sie eins miteinander und bewahren dennoch ihre Unterschiedlichkeit. Zwischen Jesus und dem Vater bestand diese vollkommene Einheit in Liebe, und er forderte uns auf, mit ihm eins zu werden, wie er mit dem Vater eins ist – eine vollkommene Einheit in der Nicht-Dualität der Gottheit. Die Christen haben den Auftrag, diese Einheit wiederzufinden. In Indien nimmt *Advaita*, die Erfahrung der Nicht-Dualität, viele Formen an, von denen einige nicht zufriedenstellend sind. Grundsätzlich jedoch ist die Idee von *Advaita* aber für das heutige christliche Verständnis von entscheidender Bedeutung.

Das Christentum kommt aus einer Tradition des moralischen Dualismus. Es kam schließlich in Berührung mit der griechisch-römischen Kultur, die auf einem metaphysischen Dualismus beruhte. Heute findet eine Begegnung mit den Religionen Asiens statt, und wir beginnen, die Grundlagen der Nicht-Dualität zu entdecken. Der rationale Verstand fordert, daß alle Dinge eins oder zwei sind, wogegen die Nicht-Dualität, die über das Rationale hinausgeht, eine Beziehung betont, die nicht eins und nicht zwei ist. Nur durch die Kontemplation können wir über diese Dualität hinausgelangen. Es ist unsere Aufgabe, hinter der Dualität die Einheit wiederzufinden, und dies allein kann heute die tiefsten Bedürfnisse der Menschheit beantworten. (…)

Kontemplation ist die einzige Möglichkeit, den Dualismus zu verlassen. Solange man rational denkt, wird man eine dualistische Haltung einnehmen. Wenn man aber den Verstand bremst, wird man das Prinzip der Einheit hinter den Dingen entdecken. Ich glaube, daß Gott die Menschheit durch die Meditations-Bewegung aus dem Dualismus herausführt. Dieser Ruf wird in der ganzen Welt wahrgenommen. Überall finden Menschen zusammen, entdecken dieses Bedürfnis und antworten darauf in den unterschiedlichen Arten der Meditation. Wir alle sind dazu aufgerufen, unser Herz dem Mysterium der Nicht-Dualität zu öffnen, welches das Mysterium der Liebe in der Trinität darstellt.

Kommunion in Liebe

In der Lehre der Trinität wird die absolute Wirklichkeit als Existenz in Beziehung oder Existenz in Liebe beschrieben. Die absolute Wirklichkeit ist keine getrennte Person oder ein unpersönliches Absolutes. Sie ist die Kommunion von Menschen in Liebe. Jedes Lebewesen möchte sich äußern und mitteilen. Für den Menschen ist der Körper das einzige Mittel, sich auszudrücken und sich anderen mitzuteilen. Der höchste Ausdruck unseres Wesens aber ist der Geist. Durch den Geist erst finden wir Worte, um uns zu äußern und uns mit anderen auszutauschen. In der Gottheit der christlichen Tradition ist das Wort Gottes der Ausdruck des göttlichen Geistes. Es ist die Selbstmanifestation der ewigen Weisheit, und der Geist Gottes, der Heilige Geist, ist der Ausdruck des Ewigen, der grenzenlosen Liebe, die sich in der ganzen Schöpfung manifestiert und in der Gestalt von Jesus Christus ihren Höhepunkt findet. Die Kontemplation sollte uns die Erfahrung der ewigen Weisheit, die sich in der Liebe des Heiligen Geistes mitteilt, ermöglichen. (…)

Der Dialog von Transzendenz und Immanenz

Es ist faszinierend, philosophische Systeme und ihre historische Entwicklung zu betrachten, aber wir sollten dabei nicht vergessen, daß diese Systeme versuchen, mit Logik ein Geheimnis zu beschreiben, das mit Worten nur ungeeignet beschrieben werden kann. Darin liegt ein Problem. Dieses Geheimnis liegt jenseits der Worte, jenseits des Denkens. Wenn wir meditieren, beruhigen wir die Sinne und den Verstand, bis wir schließlich nicht mehr sprechen oder denken. Dann können wir das innere Geheimnis erfahren.

Da wir jedoch denkende und sprechende Geschöpfe sind, werden wir die Frage nach diesem Geheimnis nie völlig aufgeben. Wir möchten darauf wenigstens eine Teilantwort haben: Wie können wir das Mysterium so beschreiben, daß es der Wahrnehmung unserer Intuition entspricht und wir es mit unserem rationalen Verstand dennoch begreifen? Diese Frage steht im Mittelpunkt des heutigen hinduistisch-christlichen Dialogs: Wie können wir die Beziehung zwischen Gott und Seele, Gott und Welt verstehen? Da hier gewisse Unterschiede bestehen, stellt uns dies vor eine wirkliche theologische Aufgabe.

Während der Hinduismus das Mysterium vom Standpunkt der inneren Erfahrung her versteht und die immanente Präsenz Gottes in der menschlichen Seele und der Welt erkennt, geht die hebräische Offenbarung auf die Manifestation eines transzendenten Gottes zurück. Der Gott Israels ist nicht mit der Welt und den Menschen identisch. Er regiert von oben herab. Er erschafft die Welt und er erschafft den Menschen. Er kann heruntersteigen, er kann sprechen, aber er bleibt trotzdem transzendent. Das Wort, das den Gott Israels beschreibt, ist *„heilig"*, das heißt *„isoliert"*. Gott ist heilig, weil er von der Welt getrennt ist. Ein Mensch ist heilig, wenn er sich von dieser Welt gelöst hat. Wenn man eine Religion lebt, ihr sein Leben widmet und ein Heiliger wird, so lebt man gelöst von dieser Welt. Dieses Opfer ist heilig, da es von allem Profanen getrennt ist.

Während der Hinduismus nicht-dualistisch ist, wurzelt die Religion Israels also in einem Dualismus, der jede Ebene des Seins erfaßt: Die Menschen sind von der Welt getrennt, in der sie leben; Israel ist eine heilige Nation, die sich von allen anderen Nationen der Erde unterscheidet; die Guten sind von den Bösen getrennt, und beide haben ein anderes Schicksal. All dies läßt sich auf die profunde Erfahrung eines transzendenten Gottes zurückführen, die Israel, Moses und die Propheten gemacht haben.

Diese Betonung der Transzendenz Gottes ist heute ein Problem. Gott kann so heilig sein und so weit über uns stehen, daß wir den Kontakt zu ihm verlieren. Indem Jesus Gott mit *Abba,* Vater, ansprach und dabei zwischen sich und dem Vater eine vertraute Beziehung schuf, führte er deshalb alles wieder auf praktische Erfahrbarkeit zurück.

Der Gott des Islams ist noch ferner als der Gott Israels. Der Allah des Korans ist vollkommen transzendent. Islam bedeutet *„Hingabe"*. Man gibt sich Gott hin. Die Stellung des Moslems Gott gegenüber ist die eines *Abd,* eines Sklaven oder Knecht Gottes. Die Pflicht des Moslems ist der Gehorsam. Jesus sagte: *„Ich nenne euch nicht mehr Knechte; denn der Knecht weiß nicht, was sein Herr tut. Euch aber habe ich Freunde genannt."* Sein Prinzip ist die Liebe. Dies ist eine neue Stufe der Religion.

Der transzendente Gott der jüdischen Tradition erwählte Israel aus allen Nationen dieser Welt, um seine Botschaft zu verbreiten und den anderen Nationen ein Licht zu sein. Jesus kam, um die Berufung Israels zu vollenden, aber er machte diese Botschaft der Welt auf eine vollkommen neue, persönliche und umfassende Weise zugänglich.

Im Alten Testament sagt Gott immer wieder: *„Ich bin der Erste und der Letzte. Neben mir gibt es keinen Gott. Wer ist wie ich?"* Es besteht also ein fundamentaler Unterschied zwischen dem Gott Israels und allen anderen Göttern. In der islamischen Tradition ist Allah ebenfalls einzigartig unter den Göttern, und der Koran ist seine einzige, erhabene Offenbarung. Wir können dies nicht ignorieren und gelangen damit zu einem Problem: Wie können wir einen Moslem und einen Juden mit ihrem Anspruch auf die absolute Transzendenz gemeinsam mit einem Hindu oder Buddhisten, die beide die Erfahrbarkeit der Immanenz des Sakralen in den Tiefen der menschlichen Seele und im Universum betonen, an einen Tisch bringen?

Diese unterschiedlichen Positionen haben unter den Menschen schon oft Konflikte verursacht. Obwohl Gandhi Indien zur Unabhängigkeit geführt und damit etwas Wunderbares vollbracht hat, gab es danach schreckliche Auseinandersetzungen zwischen Hindus und Moslems. Tausende wurden im Namen der Religion umgebracht. Dies ist einer der Gründe dafür, warum Menschen zu Atheisten werden. Sie sagen: *„Die Religionen sind der Grund dafür, warum Menschen andere Menschen töten. Laßt uns die Religionen vergessen."* Dies ist natürlich keine echte Antwort und wir sollten statt dessen die richtige Antwort finden.

Der Zusammenfall der Gegensätze

Können wir in der Kontemplation einen Punkt finden, von dem aus die unterschiedlichen Ideale miteinander versöhnt werden können? Solange wir auf der Ebene des konzeptionellen Denkens bleiben, gibt es keine Lösung des Gegensatzes von Transzendenz und Immanenz. Aber wenn wir meditieren und den Ursprung gefunden haben, den geheimen Ort in unserem Herzen, können wir die Antwort finden. Wir sind Pilger auf der Suche nach der Versöhnung der Gegensätze in unserem eigenen Selbst, in unserem eigenen Herzen.

Eine der tiefsten Erkenntnisse der heutigen Zeit ist die Erkenntnis, daß eine solche Versöhnung absolut notwendig ist. Wir sind der Meinung, daß dualistische Gegensätze – schwarz oder weiß, gut oder böse, wahr oder falsch – miteinander unversöhnbar sind. Aber eine tiefere Erkenntnis zeigt, daß diese Gegensätze in einer Wechselbeziehung stehen, wie uns die Lehre des Taoismus, die chinesische Theorie von *Yin und Yang*, verdeutlicht. Das Tao Te King, der große chinesische Klassiker, kann uns ein wunderbares Bild von der Einheit der Dinge in ihren Gegensätzen geben.

Eine ähnliche Sichtweise finden wir auch in der christlichen Tradition. **Nikolaus von Kues**, ein bekannter Kardinal aus dem fünfzehnten Jahrhundert, schrieb ein Buch mit dem Titel *De Visione Dei*, in dem er von der *„coincidentia oppositorum"* spricht, dem *„Zusammenfall der Gegensätze"*. Es gibt einen Punkt, an dem Gegensätze miteinander versöhnt werden. Unser dualistischer Geist sieht stets Gegensätzliches, aber wenn wir tief genug blicken, erkennen wir, daß eine Versöhnung der Gegensätze möglich ist. Ich glaube, Jesus ist gekommen, um die Gegensätze miteinander zu versöhnen: *„Gott war in Christus, er hat die Welt mit sich versöhnt."* Es ist unsere Aufgabe, in der Kontemplation Transzendenz und Immanenz in Einklang zu bringen.

Hindus und Buddhisten verlassen in ihrer Kontemplation den äußeren Schein und erfahren die innere Wirklichkeit des Selbst und des Geistes, die hinter allen Namen und Formen verborgen ist. Buddhisten sprechen nicht von Gott oder der Seele. Deshalb meinen manche Menschen, Buddhisten glauben nicht an Gott oder an die Existenz Gottes. Sie wollten dies aber nicht benennen und verwendeten daher den Begriff des

Nirvana, was soviel bedeutet wie das *„Verlöschen“,* das Verschwinden aller Dualität. Wenn man die Gegensätze hinter sich gelassen hat, gibt es nur noch reine Glückseligkeit. Aus der Negation des Buddha – alles ist Leiden, alles ist vergänglich, alles ist unwirklich – resultiert tiefe Freude. Wenn man im Dhammapada liest, dem großen Klassiker des frühen Buddhismus, wird man immer wieder diesen Satz finden: *„In Freude leben wir.“* Dies ist die Freude, die man erlebt, wenn man sich jenseits aller Gegensätze befindet und die geheimnisvolle Einheit des Seins erkannt hat.

Es besteht kein Zweifel daran, daß der Buddhismus eine echte Religion ist. Die Buddhisten vertreten das Konzept der absoluten Einheit: Gott, Seele und Universum werden als vollkommene Einheit erfahren, in der es keinerlei Unterschiede gibt. Dies ist die Erfahrung zahlloser Weisen und Heiligen bis zum heutigen Tag. Für viele Menschen offenbart der Buddhismus heute die absolute Bedeutung des Lebens. Die Erleuchtung wird als endgültige Enthüllung der absoluten Wahrheit gesehen, sei es im Yoga, Zen oder Vipassana. Zahllose Menschen haben das Christentum – einen persönlichen Gott, den Dualismus von Gut und Böse – hinter sich gelassen und sind davon überzeugt, im Buddhismus die Antwort auf ihre Probleme zu finden. Sie finden die Erleuchtung, nicht aber die endgültige Wahrheit. Wir sollten aber den Wert dessen anerkennen, was sie finden. Wir können nicht ignorieren, was sich als tiefe Erfahrung erwiesen hat.

Das Christusgeheimnis

Ein Christ kann nicht über eine Tradition hinwegsehen, deren Ursprünge mehr als zweitausend Jahre zurückliegen und von der sich gezeigt hat, daß sie das Leben von Menschen auf der ganzen Welt verändert hat. Die christliche Meditation ist ebenfalls eine Möglichkeit, um die Tiefen der Seele zu betreten und die Gegenwärtigkeit des verborgenen

Geheimnisses in uns zu entdecken. Aber wie kann ein Christ dieses Geheimnis verstehen? Worin bestehen die Unterschiede zwischen einer hinduistischen, buddhistischen, moslemischen und christlichen Erfahrung? Alle diese Erfahrungen erschließen die Tiefe, lassen Körper und Sinne, Geist und Konzepte hinter sich und helfen uns dabei, das innere Geheimnis zu offenbaren. Alle erfahren und äußern dies auf eine andere Weise. Wie können wir die Unterschiede miteinander versöhnen?

Um hierauf eine Antwort geben zu können, müssen wir herausfinden, wie die christliche Erfahrung dieses Mysteriums aussieht. Wie versteht ein Christ dieses Geheimnis? Es ist vor allem die Entdeckung des Geistes in einem selbst, des Geistes, von dem der hl. Paulus (1 Kor 2,10) sagt: *„Denn uns hat es Gott enthüllt durch den Geist. Der Geist ergründet nämlich alles, auch die Tiefen Gottes."* In jedem Menschen gibt es den Geist, der *„alles erforscht, sogar die Tiefen Gottes"*. So äußert sich für den Christen das verborgene Geheimnis.

Natürlich begegnen sich Christen und Hindus, Buddhisten und Moslems jenseits des Verstandes in den Tiefen des Geistes, die in der Kontemplation offenbar werden, wenn wir unser Herz dem öffnen, was der hl. Paulus das *„Christusgeheimnis"* nennt.

Immer wieder findet man im Neuen Testament, vor allem im Epheser- und Kolosserbrief, den Ausdruck *„Christusgeheimnis"*. Wenn Paulus vom Geheimnis, vom Mysterium spricht, gebraucht er damit ein Wort, das in der damaligen Welt durch die Mysterienreligionen verbreitet war. Im Römischen Imperium gab es zur Zeit der Urkirche Mysterienreligionen, in denen die Menschen dieses verborgene Geheimnis des Universums in unterschiedlichen Ritualen und Lehren suchten. Natürlich gab es hier große Unterschiede, aber einige dieser Menschen waren wirkliche Suchende, und die christliche Kirche wurde von ihnen in mancher Hinsicht beeinflußt.

Die Möglichkeit einer Existenz des Geistes jenseits des rationalen Verstandes kann für Menschen, für die rationaler Verstand und Geist ein- und dasselbe sind, ein Problem darstellen. Für sie gibt es sonst nichts mehr. Wenn man versucht, weiterzudenken, ist man für sie ein Verrückter. Wenn man bestimmten Menschen sagt, hinter dem dualen Verstand und seinen Konzepten gäbe es die absolute Weisheit, glauben sie, man sei verrückt. Aber dies verstehen wir unter einem *„Mysterium"*, und dies proklamierte der hl. Paulus als Weisheit und Geheimnis Christi. Ich bin davon überzeugt, daß es mehr als die Wissenschaft, die Philosophie und das rationale Wissen gibt. Für einen Christen ist dies das Christusgeheimnis.

Das Objekt der christlichen Meditation ist die Begegnung mit Christus in der Tiefe des eigenen Seins, die nicht von Worten und Gedanken begleitet wird, sich aber durch seine geistige Präsenz auszeichnet. Als Jesus seine Schüler verließ, versprach er, ihnen den *„Geist der Wahrheit"* zu senden, der sie zur Wahrheit führen sollte. Diesem Geist begegnen wir, wenn wir die Tiefen unseres eigenen Geistes betreten. Der hl. Paulus sagt (Röm 8,16): *„So bezeugt der Geist selber unserem Geist, daß wir Kinder Gottes sind."* In der Kontemplation betreten wir diese Tiefen des Geistes, wo wir dem Geist Gottes begegnen.

Natürlich ist es wichtig, die Bibel zu lesen. Wir brauchen Worte und Gedanken. Ohne die Hilfe der Worte können wir den Geist nicht finden, denn der Verstand benötigt die Instruktion durch den Glauben. Deshalb beginnen wir mit der Meditation über die Schrift und die Lehren der Kirche, müssen sie aber später hinter uns zurücklassen. Dies wird von denjenigen, die glauben, die Bibel sei das höchste Gut und man müsse sich allein auf die Bibel beziehen, jedoch abgelehnt. Die Bibel besteht aus Worten und Gedanken, das Wort Gottes steht aber über Worten und Gedanken. Es ist ein verborgenes Geheimnis. Jesus selbst steht über der Bibel; er, und nicht die Bibel, ist die absolute Wirklichkeit.

Die wirkliche Gegenwart Christi

Jesus hat uns nicht das Neue Testament hinterlassen, es ist späteren Ursprungs. Er hinterließ uns den Heiligen Geist. Es war sein Geist, der Geist des Vaters. In der Kontemplation versuchen wir, die Enge von Worten und Gedanken zu verlassen und unsere Herzen dem verborgenen Geheimnis des Geistes zu öffnen und in der Gegenwärtigkeit von Christus und dem Vater zu weilen. Wir versuchen, das Geheimnis der Trinität zu erfahren und die absolute Wahrheit der Wirklichkeit zu durchdringen. Solange man in der Welt der Gegensätze lebt, der Kirchen, Lehren und Rituale, solange gibt es Konflikte und wird es sie immer geben. Nur wenn wir alle Äußerlichkeiten, alle Sakramente (im Sinne von äußerlichen Zeichen) hinter uns zurücklassen und das verborgene Geheimnis betreten, finden wir den Ort, an dem wir alle eins sind. Solange wir in der Welt der Rituale und Lehren leben, werden wir uns gegenseitig bekämpfen. Aber wenn wir diese Lehren und Rituale zurücklassen, die (auf ihre Weise notwendigen) Zeichen des Mysteriums selbst sind, betreten wir den Ort der menschlichen Einheit, an dem die Religionen miteinander versöhnt werden.

Wir sind hier, um die religiösen Konflikte in der Welt zu beenden. Das ist eine große Verantwortung. Es ist unsere Berufung, diese Tiefen des Geistes zu betreten, wo wir dem Geist Christi begegnen. Durch seinen Geist lebt Jesus in der Kirche. Als er seine Jünger verließ, verließ er diese Erde und kehrte im Geist zu jedem seiner Jünger, zu jedem Menschen zurück, denn nichts bleibt außerhalb seiner Gnade. Er ist auch in uns präsent. Wenn wir die Stille der Kontemplation betreten, begegnen wir der wirklichen Präsenz Christi.

Man sollte achtsam sein, wenn man von der *„wirklichen Gegenwart"* Christi in der Eucharistie spricht. Natürlich ist dies für unser Leben und unsere Religion von zentraler Bedeutung, aber es handelt sich um die Präsenz in den Sakramenten. In der Eucharistie ist Jesus unter dem Zeichen von Wein und Brot gegenwärtig. Wir benötigen Zeichen, die wir berühren, schmecken und teilen können, aber seine Gegenwärtigkeit wird nicht durch diese Symbole eingeengt. Jesus ist im Herzen gegenwärtig. Wenn wir die Kirche verlassen, lassen wir Jesus nicht im Tabernakel zurück. Das Brot ist Zeichen seiner Gegenwärtigkeit, aber wir tragen ihn in unserem Herzen. In der Kontemplation erfahren wir diese Gegenwärtigkeit. Dies ist unser Ziel.

6.

DIE EUCHARISTIE –
BEGEGNUNG MIT GOTT

Der Heilige Geist ist die Quelle und der Höhepunkt aller Tätigkeit der Kirche und die Eucharistie ein Sakrament, das der Welt der Symbole und Zeichen angehört. In der Theologie des Thomas von Aquin bedeutet das Wort *sacramentum* Zeichen. Diesem Zeichen ist der Begriff *res* (Wirklichkeit) gegenübergestellt: Die Wirklichkeit ist das, worauf durch das Zeichen hingedeutet wird. Brot und Wein sind Zeichen, und sie deuten auf etwas hin, sie tun etwas kund. Nach Thomas von Aquin bedeuten *sacramentum et res,* das Zeichen und das bedeutete Ding, den Leib und das Blut Christi. So verstehen wir es normalerweise. Dann sagt er aber, daß *res,* die Wirklichkeit der Eucharistie, so wie sie sich in ihrer Bedeutung kundtut und auswirkt, in der Einheit des mystischen Leibes Christi besteht. Er behauptet, daß die Bedeutung und das Ziel der Heiligen Eucharistie die Einheit des mystischen Leibs Christi ist. Das ist eine sehr traditionelle Sichtweise, und die Väter setzten für den Leib Christi in der Eucharistie ganz konkret den Ausdruck *„mystischer Leib"* ein.

Die Mehrheit der Katholiken innerhalb der Kirche glaubte bis vor kurzem, daß der Leib Christi in der Eucharistie den Körper am Kreuz meint. Viele Menschen wurden zur Vorstellung erzogen, daß, wie es mir einmal jemand bildhaft erläuterte, Jesus am Kreuz sichtbar wird, so, wie er damals dort hing, und du dich nun bei ihm, der am Kreuz hängt, einfindest. Das ist theologisch gesehen nicht korrekt. Wir müssen klarstellen, was in der Eucharistie mit dem Leib Christi gemeint ist. Es geht nicht um den Körper am Kreuz, sondern um den Leib der Auferstehung. Er ist gegenwärtig im spirituellen Leib, dem Leib der Auferstehung, der nicht Zeit und Raum unterworfen, nicht in irgendeiner Weise bedingt, sondern völlig eins mit Gott ist.

Im Zeichen von Brot und Wein

So erfahren wir in der Eucharistie, durch die grobstoffliche Materie von Brot und Wein, daß wir uns der wirklichen Gegenwart Jesu in seinem spirituellen Leib öffnen, der eins ist mit dem Vater und dem Heiligen Geist. Viele Katholiken halten jedoch an der Vorstellung fest, daß Jesus nur im Brot und Wein wahrhaft gegenwärtig sei und daß es von daher darauf ankomme, möglichst oft zur Kommunion zu gehen, um so die wirkliche Gegenwart Jesu zu erfahren. Aber in Wahrheit ist Jesus im Geist überall gegenwärtig. Er ist in der gesamten Schöpfung gegenwärtig, in jedem Sandkorn, in jedem Partikel und Subpartikel. Der hl. Thomas von Aquin stellte die Frage, auf welche Weise Gott in der Schöpfung vorhanden sei. Und er antwortete, daß er vor allem anderen durch seine Macht in allen Dingen ist und alle Dinge durch das Wort seiner Macht aufrechterhält. Weiter sagte er, daß Gott nicht aus der Ferne in seiner Macht gegenwärtig ist, da es in Gott keine Ferne gibt und er von daher durch seine Gegenwart in allen Dingen ist. Aber er ist nicht durch einen Teil seiner selbst in allen Dingen gegenwärtig, denn in Gott gibt es keine Teile. Er ist gegenwärtig durch sein Sein. Somit ist das Wesen Gottes, die Heilige Dreieinigkeit und Christus in seinem spirituellen Leib, in jedem Materiepartikel ganz und gar gegenwärtig. Das gesamte Universum findet sich in Christus, in Gott. Wir sehen den Schleier der Materie, aber die Wirklichkeit des Christusleibes existiert immer in Gott und ist immer überall präsent.

In der Eucharistie ist die Gegenwart Christi in eine bestimmte Form gebracht. Jesus wollte sich seinen Jüngern nahebringen. Die Menschen brauchen ein Zeichen seiner Gegenwart. Der Heilige Geist hat keine Zeichen, doch Jesus wollte uns ein

Zeichen seiner Gegenwart geben, und so nahm er Brot und Wein, etwas, das allgemein gegessen und getrunken wird, und machte sich seinen Jüngern unter diesen Zeichen gegenwärtig. Wir können das Brot und den Wein im Tabernakel aufbewahren und Jesus in seiner Gegenwart dort verehren, aber wir dürfen keinen Augenblick vergessen, daß er überall gegenwärtig ist. Er ist in jedem menschlichen Wesen vorhanden. Jeder Mensch ist nach dem Bilde Gottes geschaffen. In jedem Menschen findet sich jenseits unseres grobstofflichen Körpers diese verborgene Gegenwart Gottes. Und in der Eucharistie zeigt sich Jesu Gegenwart also in einer ganz bestimmten und zudem sehr bescheidenen Form. Wir brauchen etwas, das wir berühren, schmecken und fühlen können, und so wird er um unseretwillen in dieser bestimmten Weise gegenwärtig.

Zeichen der Gegenwart

In der hinduistischen Tradition gibt es einen wunderbaren Spruch: *„Der Avatara oder Gott ist im Tempel im Bild gegenwärtig.“* **Lokacharya**, ein tamilischer Theologe des 14. Jahrhunderts, sagte: *„Gott, der selbst unsichtbar ist, macht sich bildhaft im Tempel sichtbar. Gott, der unser Fassungsvermögen bei weitem übersteigt, bringt sich uns nahe. Gott, der nicht gesehen werden kann, macht sich uns sichtbar. Gott, der nicht berührt werden kann, ermöglicht uns die Berührung.“* Es ist eine Gegenwart im Sakramentalen. Das hat zwar eine tiefe Bedeutung, doch Gott selbst ist nicht auf das Bild und nicht auf die Eucharistie reduziert. Und aus diesem Grund sage ich, daß wir uns nicht auf die Eucharistie beschränken sollen, so als könnten wir nicht ohne sie auskommen.

Zur Zeit des hl. Benedikt feierten die Mönche möglicherweise überhaupt keine heilige Messe, und wenn ja, dann ganz gewiß nur an Sonntagen und Festtagen. Das Wort Messe leitet sich von *missa* ab, das wir im *„Ite missa est“* zum Schluß der Eucharistie finden, was *„Geht, ihr seid entlassen“* bedeutet. Es meint also eine Entlassung. Aus irgendeinem Grund wurde diese Entlassung, das Wort *missa,* mit der ganzen Eucharistie gleichgesetzt. In der Regel des hl. Benedikt wird die *missa* häufig erwähnt, doch ging es dabei, wie man herausfand, nicht um die Eucharistie, sondern um Gebetszeremonien. Nach den üblichen Gebetszeremonien fand eine formale Entlassung statt, und diese wurde *missa* genannt. Wir können also gar nicht sicher sein, ob überhaupt eine Messe abgehalten wurde. **Der hl. Benedikt selbst war kein Priester, und alle seine Mönche waren Laien. Die monastische Bewegung war eine Laienbewegung.** Auch heute erleben wir eine wachsende Bewegung hin zu Laiengemeinschaften.

Wir alle haben das Gefühl, daß unsere Gemeinschaften zu stark strukturiert sind. Wir sind an zu viele Regeln und Gesetze gebunden, die nach einer Weile eine Beschränkung darstellen. Ich bin vielen Schwestern und Brüdern begegnet, die ebenso empfinden. Aus der Gemeinschaft ist eine Institution mit ihren Regeln und Satzungen geworden, an die wir alle gefesselt sind. Wir verlieren unsere innere Freiheit. **Thomas Merton** gelang es, innerhalb der sehr rigiden Struktur der Trappisten Frieden zu finden, indem er sie überwand und öffnete. Und das ist es, worauf wir heute hoffen: diese Strukturen offen zu machen – denn eine religiöse Gemeinschaft sollte eine Gemeinschaft der Liebe sein. Möglicherweise braucht es ein paar Regeln und Anleitungen, aber es ist die spontane Liebe, zu der wir aufgerufen sind, aufgerufen, an der Liebe Gottes teilzunehmen.

Deshalb sage ich auch, daß die Eucharistie nicht überbetont werden sollte. Sie ist ein Sakrament, ein großartiges Zeichen der Gegenwart Jesu. Doch er ist auf so vielfältige Weise gegenwärtig, daß wir uns selbst Fesseln anlegen, wenn wir die Offenheit für seine Allgegenwart verlieren. **Jesus ist gleichwohl gegenwärtig in Nicht-Katholiken und Nicht-Christen.** So viele Menschen denken, daß Jesus zwar unter uns ist, aber daß all diese anderen Menschen nicht dazugehören. Doch Jesus ist in jedem Menschen gegenwärtig, der offen ist für seine Gnade und Liebe. Viele Katholiken und Protestanten behaupten heutzutage, daß niemand gerettet werden kann, der nicht an Jesus Christus glaubt. Das ist ganz offensichtlich Unsinn, denn die überwältigende Mehrheit der Menschheit hatte und hat nie etwas mit der Kirche zu tun, ja hat noch nie von Jesus Christus gehört. Die australischen Ureinwohner leben seit 40.000 Jahren auf ihrem Kontinent, und was hat Gott in all der Zeit mit ihnen getan? Bis vor etwa hundert Jahren hatten sie nie von Jesus Christus gehört.

Jesus starb für die gesamte Menschheit, und die Gnade Christi und des Heiligen Geistes ist jedem Menschen von Anbeginn bis zum Ende der Welt zugänglich. Auch wenn sie keinen religiösen Glauben haben, so sind doch Liebe, Güte, Selbstlosigkeit, Freundlichkeit und all dies Auswirkungen der göttlichen Gnade in ihnen. Und wenn sie einer Religion angehören, Hindu, Buddhist, Moslem oder was auch immer sein mögen, so strömt ihnen die Gnade Gottes in Christus, im Heiligen Geist jener Religion zu. Wir alle haben teil an dieser Gnade Gottes. Ein Christ würde sagen, daß es durch den Tod und die Auferstehung Christi, durch sein Opfer, das er in seiner absoluten Liebe zur Welt brachte, möglich wurde, daß diese Gnade, die völlig unsichtbar sein kann, der gesamten Menschheit zukommt.

Gott ist jenseits der Zeichen

Die Kirche ist ein Sakrament Christi. Ein Sakrament ist ein Zeichen – die gesamte Kirche, die Hierarchie, die Sakramente, die Lehren, die Gesetze, sie alle sind Zeichen dieses göttlichen Mysteriums, das Christus selber ist. Jenseits aller Zeichen und Worte ist dies die Wirklichkeit. Würde man mich fragen: *„Was ist die Wirklichkeit der katholischen Kirche?"*, so würde ich antworten, daß es die Gemeinschaft der Jünger Christi ist, die durch den heiligen Geist, als Kinder des Vaters, am Leben der

Dreieinigkeit teilhaben. Das ist das innere Wesen der Kirche, diese Vereinigung, diese Kommunion von Menschen, die an der Liebe Gottes, die sich in Christus offenbart, teilnehmen. Kommunion in Liebe ist die letztliche Bedeutung der Kirche. Und wo Kommunion in Liebe ist, da ist die Kirche.

Als Christen, und vor allem als Katholiken, müssen wir die Sakramente achten und wertschätzen, sie haben einen wichtigen Platz in unserem Leben. Die Lehren der Kirche, die Hierarchie, sie alle haben ihren Platz. Aber dies ist eine sakramentale Kirche. Die institutionalisierte Kirche ist ein Sakrament, ein Zeichen der Gegenwart Gottes. All die Dogmen der Kirche sind Zeichen. Das göttliche Mysterium läßt sich nicht angemessen in Worten oder Gedanken ausdrücken. Es gibt keine Worte, die es wirklich beschreiben könnten; sie können bestenfalls auf dieses Mysterium hindeuten, das alles menschliche Ausdrucksvermögen übersteigt.

Wir müssen über die sakramentalen Zeichen, ja sogar über das Zeichen Christi hinausgehen. Jesus selbst ist ein Sakrament Gottes. Die menschliche Natur Jesu, sein Leben, Tod und seine Auferstehung sind das Zeichen der Gegenwart Gottes auf Erden. Aber Gott selbst ist jenseits solcher Zeichen, er ist nicht auf die Eucharistie beschränkt. Er übersteigt alle Worte, Gedanken und Zeichen.

Begegnung mit der Wirklichkeit Gottes

In der Kontemplation können wir das Göttliche unmittelbar erfahren. In der Übung der Kontemplation streben wir danach, über Körper und Sinne hinauszugehen. Wir versuchen, zunächst den Körper zur Ruhe zu bringen und dann die Sinne. Wir unterdrücken die Sinne nicht, aber wir lernen, sie in ein harmonisches Gleichgewicht zu bringen, damit der Körper zur inneren Ruhe kommt. Danach müssen wir uns mit unserem ständig umherwandernden Geist befassen und auch ihn zur Ruhe bringen. Auch hier unterdrücken wir nicht, geben ihm aber auch nicht nach, sondern wir versuchen, ihn zur Stille und Einheit zu bringen; oftmals verwenden wir dafür ein Mantra. In der hinduistischen Tradition sagt man, es wird *ekagraha,* auf den Punkt konzentriert. Vom Umherwandern durch die Sinne, Gedanken und Gefühle gelangen wir zur Konzentration auf den einen Punkt. Von diesem Moment an bewegen wir uns über Körper und Geist hinaus und begegnen der göttlichen Wirklichkeit unmittelbar. In den Sakramenten und der Welt erfahren wir ihn indirekt, aber in dieser inneren Erfahrung des Herzens begegnen wir Christus als Gott direkt und unmittelbar. Das ist Kontemplation.

Nach christlicher Tradition ist die Meditation diskursiv, die Kontemplation hingegen ist der Punkt, wo sich der Mensch dem Göttlichen öffnet. In der Kontemplation bringen wir den Geist zum Punkt der Stille, dann kann Gott eintreten und von uns Besitz ergreifen. Hier begegnen wir einer absoluten Wirklichkeit. Dieser Wirklichkeit sehen wir uns im Tod gegenüber. Doch auch in der Kontemplation streben wir danach, in die Stille einzutreten, und machen die Erfahrung des verborgenen Mysteriums.

Ein Ashram hat die Funktion, Menschen in die Lage zu versetzen, das verborgene Mysterium jenseits dieser Welt zu entdecken. Die Kirche, die Welt, die ganze Menschheit ist auf der Suche nach Gott, und erst im Überschreiten aller Grenzen begeben wir uns in die göttliche Gegenwart. Gott ruft uns. Gott ist überall gegenwärtig und zieht die Menschen aus ihrer Engstirnigkeit, ihrem Egoismus, ihren Beschränkungen in sich hinein. Das ist die Bedeutung und das Ziel des Lebens.

In der Tiefe des absoluten Geistes entdecken wir die Tiefe unseres eigenen Geistes, und dort fallen Immanenz und Transzendenz zusammen. Wir alle sollten darüber nachdenken, denn der absolute Geist ist gleichzeitig immanent und transzendent. Im absoluten Geist gehen wir über unser Ego, über das begrenzte Selbst hinaus, öffnen uns dem Göttlichen und begegnen dem transzendenten Gott. An diesem Schnittpunkt des absoluten Geistes begegnen sich Gott und Seele, das Transzendente und das Immanente. Manche Menschen betonen die Immanenz und vergessen die Transzendenz, andere betonen die Transzendenz und schenken der Immanenz wenig Interesse. Wir sollten aber erkennen, daß wir die Transzendenz um so mehr entdecken, je mehr wir uns nach innen wenden und dort Gott finden.

Ich bin der Überzeugung, daß die Liebe der Schlüssel zu allem ist. An der Liebe haben zwei Menschen teil, und jeder muß dabei über sich hinausgehen. Beide sollten ihre Unterschiede transzendieren, und sie sollten sich an dem Ort wiederfinden, an dem sie eins werden. In dem inneren Mysterium der Seele werden wir die immanente Präsenz des Geistes erkennen, und wir sollten uns dem Geist Gottes öffnen. Es ist eine gegenseitige Bewegung.

Manchmal mögen wir unsere geistige Einheit im Sinn haben und nur auf die Gegenwärtigkeit Gottes meditieren. In einem anderen Moment meditieren wir über die unendliche Transzendenz Gottes, wenn wir unser Herz öffnen, danken und lobpreisen. Beide Richtungen können in unsere Meditation einfließen. Wir sollten nie diesen schönen Ausspruch des **hl. Paulus** vergessen (Röm 5,5): *„Die Hoffnung aber läßt nicht zugrunde gehen; denn die Liebe Gottes ist ausgegossen in unsere Herzen durch den Heiligen Geist, der uns gegeben ist."* Wir betreten das *„Herz"* und erleben, wie die Liebe Gottes *„von oben her"* einströmt. Das transzendente Mysterium betritt die Tiefen unseres Seins und erfährt dort Immanenz.

7.

DU BIST ALLES, WAS ES GIBT.
DU BIST NICHTS, WAS ES GIBT.

Der absolute Geist ist zugleich die Tiefe unseres Seins, die innere Person, in der unser ganzes Wesen sein Zentrum findet, er ist ebenfalls der Ort, an dem wir vollkommen offen für Gott, den ewigen, unbeschränkten Geist werden. Wie der hl. Paulus sagt: *„Wer jedoch dem Herrn anhängt, der ist ein Geist mit ihm."* Hier treffen das jüdische Verständnis der unendlichen Transzendenz Gottes und das östliche Verständnis seiner immanenten Gegenwärtigkeit aufeinander. Ist es ein Wunder, daß man dies mit Worten kaum beschreiben kann?

Es gibt einen sehr schönen Vers von **Manikkar Vasakar**, einem großen tamilischen Mystiker, der lautet: *„Du bist alles, was es gibt. Du bist nichts, was es gibt."* Der erste Teil klingt pantheistisch, im zweiten Teil wird er umgekehrt und dadurch paradox. Gott ist in allem. Er durchdringt das Universum grenzenlos, und trotzdem transzendiert er es vollkommen.

Wenn wir in der Tiefe beten, ist Gott in uns und wir sind in ihm. Diese Nicht-Dualität verdeutlicht uns Jesus im Johannes-Evangelium, wenn er für seine Jünger betet, *„daß sie alle eins seien, wie du, Vater, in mir und ich in dir (…) ich in ihnen und du in mir, so mögen sie zur vollendeten Einheit gelangen."* Dies ist die Krönung der christlichen Religion.

Das Neue Testament

Das Neue Testament entstand in drei Phasen. Die erste Phase waren die dreiunddreißig Jahre, in denen Jesus in Palästina lebte, zunächst bei seiner Familie und dann mit seinen Jüngern, mit denen er aramäisch sprach. In dieser Zeit predigte und litt er, wurde gekreuzigt und stand von den Toten wieder auf. Die zweite Periode dauerte von 30 bis 60 n. Chr., als die Geschichte Jesu und seine Lehre in den Kirchen in unterschiedlichen Versionen Verbreitung fand. Seine ersten Anhänger sprachen aramäisch, als sie aber in den griechischen Sprachraum kamen, wurde die Lehre ins Griechische übersetzt. Schließlich wurden zwischen 60 und 90 n. Chr. die Evangelien, wie wir sie kennen, niedergeschrieben. Die Evangelisten bezogen sich auf unterschiedliche Quellen, vor allem auf die mündliche Überlieferung, die in den Urkirchen vermittelt wurde. Etwa um 60 n. Chr. starben die ersten Apostel, und die Notwendigkeit einer schriftlichen Aufzeichnung wurde deutlich.

Wir sollten unser Evangelium kritisch lesen. Es handelt sich dabei nicht einfach um Worte, um die Geschichte Jesu. Der Bericht führt sich selbst auf persönliche Zeugen, Kirchenmitglieder und die Führung des Heiligen Geistes zurück, aber die Evangelien sind unterschiedlich, und es finden sich in ihnen Widersprüche, die wir erkennen sollten.

Das Johannes-Evangelium entstand zwischen 90 n. Chr. und dem Ende des ersten Jahrhunderts. In ihm erfolgt eine grundlegende Reflexion über das Mysterium Christi. Ohne Zweifel stammen die Geschichten und Lehren aus bestimmten Kirchen, aber es ist ebenso klar, daß der Schreiber versucht hat, seine eigene Erfahrung zu beschreiben. Er schrieb dieses Buch aus der Fülle der Lehre Jesu. Wir kommen dem *„Herzen"* der christlichen Lehre im Johannes-Evangelium am nächsten. Es ist außerordentlich tiefgründig. Es ist eine große Gnade, daß die Lehre auf diese Weise vermittelt werden konnte.

Wenn Jesus betet *„Daß alle eins seien, wie du, Vater, in mir und ich in dir"*, werden wir dazu aufgerufen, das verborgene Geheimnis der Gottheit zu betreten, Jesu eigenes Wissen über Gott und die Liebe Gottes in ihm und mit ihm und durch ihn zu teilen. Das ist die christliche Offenbarung. Gott ist nicht *„oben im Himmel"* und der Diener unten. Es ist der Mensch, der in das verborgene Geheimnis der Gottheit eingeht, der an der Liebe und dem Wissen teilhat, das die Gottheit selbst *ist*. Die Gottheit ist die Kommunion von Wissen und Liebe. Wir alle können daran teilhaben. Dies ist unsere Berufung.

Das Mysterium der Liebe

Deshalb ist die Kontemplation so wichtig. Rituale sind schön und notwendig; die Messe hat eine zentrale Bedeutung. Aber wir benutzen auch hier äußere Zeichen: Kirchen, Kerzen, Kruzifixe, Roben, Brot und Wein. Alle diese Dinge sind äußerlich. Das Mysterium erscheint aber *durch* diese Zeichen. Manchmal können diese Zeichen hinderlich sein. Auch in einer Kirche gibt es so viele Möglichkeiten, abgelenkt zu werden. Aber wenn wir den äußeren Schein überwinden und das Schweigen betreten, können wir dem Geist Gottes, dem Geist Jesu, begegnen, und wir können an der vollkommenen Gemeinschaft des Herzens teilhaben. Das suchen wir – eine Gemeinschaft mit Gott, mit Christus, die nicht dual ist. Wir sind nicht länger zwei. Wir sind eins, aber wir sind dies nicht ohne Unterschiede – wir sind eins in einer Beziehung.

Die Personen der Trinität stehen in einer dauerhaften Beziehung. Liebe ist Dynamik. Es ist nicht eine einsame Angelegenheit. Die zwei, die miteinander eins sind, durchdringen einander, werden eins miteinander; und dies ist dann eine nicht-duale Beziehung, ein Mysterium, das wir nicht mit Worten wiedergeben können. Dahin möchte uns das Evangelium führen. Es ist die Gemeinschaft der Liebe, in der jeder im anderen ist und es keinen anderen mehr gibt; es ist das Mysterium der Selbst-Transzendenz, da in der Liebe aus zweien eins wird und der eine sich im anderen trotzdem nicht verliert. Dies ist das Geheimnis der Liebe: Zwei werden mehr sie selbst, wenn sie in Liebe Erfüllung finden.

Dies ist die absolute Gotteserfahrung, und dahin sollte uns unsere christliche Kontemplation führen. Gott ruft uns zu dieser Art von Kontemplation, zu dieser Gotteserfahrung im verborgenen Geheimnis des Herzens. Die Menschen werden auf der ganzen Welt dorthin geführt, manche als Hindus, manche als Buddhisten. Sie haben das christliche Geheimnis oftmals auf ungeeignete Weise kennengelernt. Sie sehen im Christentum eine veräußerlichte Religion für *„gewöhnliche"* Menschen, aber sie reicht nicht aus für diejenigen, die Gott wirklich suchen. Wir sollten uns die Tatsache verdeutlichen, daß es ein christliches Geheimnis gibt, das in den Tiefen der Seele erfahren werden kann und das dem tiefsten Verlangen unserer menschlichen Natur entspricht. Daß wir uns diesem Geschenk in der Kontemplation hingeben, ist die eigentliche Herausforderung.

Über die Zeichen hinaus

Das äußere Leben ist ein Spiegelbild des inneren Lebens. Die moderne Physik sagt uns, daß hinter den äußeren Erscheinungen, den Körpern, Atomen, Protonen und Elektronen, ein Energiefeld steht. Wir sollten erkennen, daß wir selbst ein Energiefeld bilden, das Teil des Energiefeldes unseres ganzen Universums ist. Wir erfahren unsere dreidimensionale Umwelt mit unseren Sinnen und unserem Bewußtsein. Die Welt ist unbeständig. Sie ist der Ausdruck der ungeheuren Energie, in der wir leben und die wir transzendieren müssen. Wir halten die äußeren Phänomene, die Erscheinungen, die räumlich-zeitliche Welt für die Wirklichkeit, aber wir lernen langsam, daß dies alles vergänglich ist. Dies sind die großen Erkenntnisse Indiens.

Buddha hat meiner Meinung nach das Wesen des Universums am besten erkannt, denn er konnte *durch* die Welt der Erscheinungen, die Welt der Sinne blicken. Er erkannte die Vergänglichkeit der Dinge. *„Alles ist vergänglich, alles ist Leiden."* Es gibt in dieser Welt keine endgültige Erfüllung. Alles ist unwirklich, ohne Substanz, ohne einen wirklichen Grundstoff. Wir leben in einer Welt unbeständiger Phänomene, alles ändert sich unaufhörlich, alles ist im Fluß und Widerstreit. Aber die Welt spiegelt die göttliche Wirklichkeit in ihren unterschiedlichen Erscheinungsformen ähnlich einer Wasseroberfläche wider. Im Augenblick des Todes transzendieren wir, wie wir wissen, diesen Fluß der Phänomene und den Körper und betreten die Wirklichkeit. Es ist so, als ob wir Dinge auf einem Fernsehschirm sehen. Wir sehen die Dinge und glauben fast, sie geschähen dort, wenn wir es nicht besser wüßten. Aber sie ereignen sich nicht wirklich auf dem Schirm. Sie finden hinter dem Wahrgenommenen statt, sie sind ein bloßer Abglanz, die Manifestation einer unsichtbaren Wirklichkeit.

Ich möchte den gegenwärtigen Zustand der Welt mit dem Zustand vergleichen, in dem sich die Welt befand, als das Christentum entstand. Jesus wurde in eine Welt geboren, in der die Menschen auf ein neues Zeitalter warteten. Jesus lebte am Beginn eines neuen Zeitalters, das nicht nur von den hebräischen Propheten, sondern auch von **Vergil** in seinem vierten Gedicht verkündet worden war. In Israel erwarteten die Menschen die Ankunft des Messias, der die gegenwärtige Welt vollenden und das Königreich Gottes errichten würde. Jesus kam als Antwort auf diese Erwartung und verkündete: *„Das Königreich Gottes ist gekommen."* Natürlich wußte er, daß er ein neues Zeitalter einläutete. Viele Menschen erwarteten, daß die Veränderung mit dem Fall des Römischen Weltreiches und der Errichtung des politischen Königreiches des Messias in Israel einhergehen würde. Einige hatten dabei das Buch der Offenbarungen im Sinn. Aber dies war nicht das Verständnis von Jesus. Er hatte erkannt, daß das neue Zeitalter nicht einfach eine Fortsetzung der damaligen Welt in Raum und Zeit sein konnte. Er mußte für diese Welt und alles in ihr Erhaltene sterben. Nur so konnte ein neues Zeitalter beginnen. Dies geschah bei der Auferstehung. Jesus starb für diese Welt der Erscheinungen und schuf ein neues Zeitalter der Auferstehung.

Die Auferstehung ist mehr als das bloße Erscheinen Jesu vor den Jüngern nach seinem Tod. Viele meinen, diese Erscheinungen in Galiläa und Jerusalem seien bereits die Auferstehung gewesen. Sie bezeugen den Glauben der Jünger. **Die wahre Auferstehung ist dagegen die völlige Überwindung der Welt.** Sie ist Jesu Übergang aus dieser Welt hin zum Vater. Es war kein Ereignis, das in Raum und Zeit geschah, sondern eine Reise jenseits von Raum und Zeit in die Ewigkeit, in die Wirklichkeit. Jesus ging in diese Wirklichkeit.

Wir sind dazu eingeladen, diese Welt in der Kontemplation zu betreten. **Wir müssen nicht auf unseren körperlichen Tod warten, sondern können bereits jetzt diese ewige Welt betreten.** Wir müssen dazu den äußeren Schein der Sinne und die inneren Konzepte unseres Verstandes verlassen und uns der Wirklichkeit Christi, dem auferstandenen Christus, in uns öffnen.

Vergeßt nie, daß der innere Christus der auferstandene Christus ist, wie der Christus der Eucharistie der auferstandene Christus ist. Manche Menschen haben dies nicht richtig verstanden. Er ist wirklich gegenwärtig durch die Auferstehung. Jesus sagt (Joh 16,7): *„Doch ich sage euch die Wahrheit: Es ist gut für euch, daß ich fortgehe. Denn wenn ich nicht fortgehe, wird der Beistand nicht zu euch kommen; gehe ich aber, so werde ich ihn zu euch senden."* Jesus verließ den Körper, um im Geist gegenwärtig zu sein. **In der Kontemplation begegnen wir nicht dem körperlichen, sondern dem geistigen Christus.**

Christus ist in den Tiefen der Seele jenseits unseres Verstandes und unserer Sinne gegenwärtig. Die heutige Kirche ist dazu aufgerufen, die Grenzen der Institutionen und Strukturen zu durchbrechen und sich selbst der Gegenwärtigkeit des Geistes, der in der Kirche und in jedem Christen ist, zu öffnen. Alle Sakramente sind Teil der Welt des Scheins. Ein Sakrament ist ein Zeichen, in dem die Wirklichkeit präsent ist. Brot und Wein sind Zeichen, und die Wirklichkeit Christi ist unter diesen Zeichen gegenwärtig. Alle Sakramente sind Manifestationen der Präsenz der göttlichen Wirklichkeit unter räumlichen und zeitlichen Vorzeichen.

Die Kirche entstand im Römischen Weltreich, und die Struktur ihrer Sakramente, ihrer Lehre und das Kanonische Recht beruhen auf dem kulturellen Erbe jener Zivilisation. Aber diese Strukturen sind nicht mehr zeitgemäß. Wir haben beinahe 1900 Jahre lang in den Strukturen dieser griechisch-römischen Welt gelebt. Im ersten Jahrhundert des Neuen Testaments waren diese Strukturen bereits latent vorhanden, aber sie waren noch nicht verfestigt. Vom zweiten Jahrhundert an entstanden Sakramente, Dogmen, Priester und Bischöfe und die Strukturen der Kirche. Wir könnten sagen, es sei alles auf das Wirken des Heiligen Geistes zurückzuführen und aus dem Neuen Testament und den Lehren Jesu entstanden, aber es habe sich in einer speziellen historischen Situation etabliert. Solange wir in dieser Welt sind, benötigen wir Strukturen in Glauben und Lehre, die uns auf unserem Weg leiten sollten, aber wir sollten stets hinter diesen Strukturen, hinter den Sakramenten und Lehrmeinungen die Wirklichkeit erkennen, die sie repräsentieren; sie vergegenwärtigen in menschlichen Begriffen die transzendente Wirklichkeit, die mit Worten nicht richtig beschrieben werden kann.

Die Kirche ist das „*Sakrament Christi*", das Zeichen der Gegenwärtigkeit Christi, so wie Christus das Sakrament Gottes ist. Christus ist das Zeichen der Präsenz Gottes unter den Menschen, das irdische Zeichen der ewigen Wirklichkeit. Gott ist in der ganzen Schöpfung, in allem gegenwärtig, er ist gegenwärtig in den Zeichen, die wir mit Körper und Seele erfahren können. Gott ist gegenwärtig im Ritual, in der Lehre und im Gesetz, aber als Zeichen der Präsenz des Transzendenten. Wir müssen über diese Zeichen hinaus zur Wirklichkeit gelangen. **Verehrung von Zeichen ist Götzendienst.** Man geht dabei nicht über das Bild hinaus; es bleibt Bild. Die hebräischen Propheten haben stets die Bildnisse der Menschen verachtet. In Indien verehrt kein wirklicher Hindu ein Bildnis. Er weiß stets, daß das Bildnis nur ein Zeichen für die göttliche Gegenwärtigkeit ist. Hindus verehren kein steinernes oder hölzernes Bildnis, sondern die göttliche Gegenwärtigkeit im Holz oder Stein.

Die meisten Bildnisse sind eher unvollkommen, einzelne vielleicht besser. Dennoch kommt keines der Wirklichkeit gleich. Die ganze Natur ist eine unvollkommene Manifestation Gottes. Wir sind heute dazu aufgerufen, diese Welt der Zeichen und Symbole zu verlassen und in die neue Schöpfung einzutreten, eine neue Welt, die in allen großen Traditionen offenbar wird. Dies ist heute die Aufgabe der Menschheit. Wir haben daran teil. Im Laufe der Zeit hat jede Religion ihre eigenen Strukturen von Lehrmeinungen, Ritualen und Gesetzen entwickelt, aber alle haben ihre kulturellen Grenzen. Das Christentum ist eine ursprünglich semitische Religion, die sich auf hebräischen Schriften begründet, die ins Griechische übersetzt wurden und die von Rom aus verwaltet wurden. Es ist eine einzigartige Enthüllung des Göttlichen in einem historischen und kulturellen Kontext. Wir müssen das Göttliche erkennen und uns gleichzeitig seiner historischen Grenzen bewußt sein.

Ein neues Zeitalter

Mit Jesus und der Auferstehung hat ein neues Zeitalter begonnen. Die wirkliche Welt, die er Königreich Gottes genannt hat, wurde offenbart. Die Menschheit ist dazu aufgerufen, das Königreich zu betreten, Raum und Zeit zu überschreiten und in die ewige Wirklichkeit einzugehen. Jesus sprach stets in dieser Form über das Königreich. Er gebrauchte Gleichnisse, um auf das hinzuweisen, was mit Worten nicht beschrieben werden kann. Er mußte den Tod überwinden, um die neue Welt betreten zu können, die Welt der Gemeinschaft in Gott. Wir müssen gemeinsam mit ihm den Tod überwinden. Dies ist die einzige Möglichkeit und die Herausforderung, vor der heute die Welt steht. Wir verlassen eine Welt, die Welt der westlichen Dominanz, und betreten ein neues Zeitalter, in dem der logische, rationale Verstand der griechischen Philosophie und das römische Gesetz, die wirtschaftlichen und politischen Ordnungen, die Wissenschaft und Technik des Westens verschwinden werden. Unsere patriarchalische Kultur verschwindet in diesem Augenblick und etwas Neues entsteht.

Niemand weiß genau, welche Gestalt es annehmen wird. Es ist ein traumatischer Augenblick, der Vorgang einer Geburt. Wir warten, bis alle augenblicklichen Strukturen und Formen verschwunden sind, und wir werden das ganze Universum in Raum und Zeit und die ganze Menschheit erblicken, die, von Christus erlöst, in der Fülle der Wirklichkeit ist. Wir leben in der Welt der Erscheinungen, und wir warten darauf, daß diese Erscheinungen verschwinden und wir dahinter die Wirklichkeit sehen können. Dies ist die Ankunft des Königreich Gottes. Jesus ist die Fülle, in der die göttliche Wirklichkeit in der Geschichte und in der Zeit gegenwärtig wird. Die Kirche und wir selbst sind Teil dieses *Pleromas,* der Fülle, in der Gott in der Menschheit, in uns, gegenwärtig ist.

Der Glaube öffnet das innere Herz, den inneren Geist zur Wirklichkeit Gottes. Der Glaube ist die Bewegung auf das transzendente Mysterium zu, und Liebe ist die Bewegung des Herzens, durch die wir mit diesem Mysterium eins werden. Glaube und Liebe führen uns über die Welt der Erscheinungen hinaus zur Wirklichkeit. Dazu sind die Kirche und die ganze Menschheit aufgerufen. Ein neues Zeitalter bricht an, ebenso wie damals zur Zeit Christi und wie im Grunde in jeder Zeit. Das Königreich Gottes ist immer nahe, aber diese Annäherung geschieht stufenförmig. Manchmal bricht es in einem kritischen Augenblick an, wie zur Zeit Christi. Ich glaube, es kommt auch heute. Wir erleben heute einen kritischen Augenblick in der menschlichen Geschichte.

Die Auferstehung ist ein zeitloser Vorgang. Sie ist der Übergang vom Alten in das Neue. Weil Jesus aus dieser räumlichen und zeitlichen Welt in die ewige Wirklichkeit gegangen ist, ist er nun in Raum und Zeit vollkommen gegenwärtig. Wenn man, wie Jesus in der Auferstehung, über den begrenzten Horizont von Raum und Zeit hinausgelangt ist, wird man in Raum und Zeit gegenwärtig. Gott ist überall, in allem gegenwärtig. Manchmal beschreibe ich dies so: In der Zeit gibt es einen Anfang, eine Mitte und ein Ende. Man bewegt sich entlang dieser Linie. Die Ewigkeit ist kein solches ewiges Fortschreiten. Die Ewigkeit ist immer da, und sie ist gleichermaßen am Anfang, in der Mitte und am Ende gegenwärtig. Wenn man stirbt, wechselt man nicht einfach in ein anderes Leben über, sondern man überschreitet die Schwelle zur ewigen Wirklichkeit, die man in seinem eigentlichen Sein bereits ist.

Das neue Zeitalter bricht an, und es gibt einen Übergang vom Alten in das Neue. Der hl. Paulus schreibt im Brief an die Korinther (2 Kor 5,17): *„Wenn also jemand in Christus ist, dann ist er eine neue Schöpfung: Das Alte ist vergangen."* Dies geschah zur Zeit des Neuen Testaments, und es geschieht heute. Es geschieht immer. Das Alte verschwindet, und das Neue entsteht. Aber wir nehmen dies vielleicht nicht wahr, wir haften am Alten und meinen, dies sei schon alles. Dann unterbrechen wir den Augenblick der Schöpfung. Wir können aber auch zulassen, daß die Dinge entstehen, sich entwickeln und in die neue Schöpfung eingehen. Der Seher der Apokalypse sagt (Offb 21,1): *„Dann sah ich einen neuen Himmel und eine neue Erde, denn der erste Himmel und die erste Erde sind vergangen, auch das Meer ist nicht mehr."* Dies bedeutet, daß die räumlich-zeitliche Struktur, die wir aufgebaut haben, verschwinden wird. *„Er, der auf dem Thron saß, sprach: Seht, ich mache alles neu. Und er sagte: Schreib es auf, denn diese Worte sind zuverlässig und wahr"* (Offb 21,5). Dieses ist die Verheißung. Die Welt als Ganzes wird verschwinden, und die neue Schöpfung war bereits immer da.

Sie wird in der Zeit reflektiert. Wenn die Zeit aufhört zu sein, manifestiert sich die Ewigkeit.

Das kontemplative Gebet der Einheit

Die Kirche war ursprünglich eine Gemeinschaft des Geistes. Menschen, die die Gaben des Geistes empfangen hatten, von denen die Kontemplation eine ist, widmeten ihr Leben dem Gebet. Es heißt, die Apostel hätten Diakone ernannt, die *„bei Tisch bedienten“*, sie selbst hätten sich aber *„dem Wort Gottes und dem Gebet“* gewidmet. Das Gebet steht an erster Stelle. Weder Dienst noch Predigten sind an sich gut, wenn es kein Gebet gibt. **Wenn man nicht Christus in sich trägt, kann man ihn anderen nicht geben.** Man kann Worte und Lehren an die Menschen weitergeben, doch dies ist keine Predigt des Evangeliums. Nur wenn das Evangelium und Christus in einem selbst sind, kann man sie anderen weitergeben. Dies ist für unseren christlichen Glauben von fundamentaler Bedeutung. Die Kontemplation ist das Gebet der Einheit mit Gott, der Einheit mit Gott im Geiste.

Die klösterlichen Orden sind meiner Meinung nach prophetische Orden der Kirche. In der Urkirche gab es Propheten, Apostel und andere geistliche Ämter. Die Propheten waren Menschen, die vom Heiligen Geist ergriffen waren und in unterschiedlichen Kirchen lebten, ohne irgendeiner dieser Kirchen fest anzugehören. Sie besaßen die Gabe, in anderen den Geist zu erwecken. Wir haben heute diese Gabe beinahe verloren, aber in einigen Ordensgemeinschaften ist sie in der einen oder anderen Form noch zu finden. **Abhishiktananda**, einer der Gründer unseres Ashrams in Indien, sagte: *„Das Evangelium predigen bedeutet nicht, viele Worte zu vermitteln, es bedeutet, den Heiligen Geist zu vermitteln.“* Wenn unsere Worte nicht aus dem Heiligen Geist in uns kommen, sind sie nicht die Worte des Lebens, die das Evangelium vermittelt. Wir kommen immer wieder zurück zur Kontemplation, zur Einheit mit Gott im Herzen des christlichen Lebens. Alles beruht darauf. Dies ist unsere Aufgabe.

Der klösterliche Orden ist ein prophetischer Orden in der Kirche. Das Evangelium ist zunächst kein Wort, das man predigen könnte, sondern der Geist, der zu vermitteln ist. In den Meditationsgruppen predigt man nicht, sondern man teilt miteinander die Gabe des Geistes, und es sollte so sein. Worte sind notwendig, um uns selbst auf die Kontemplation vorzubereiten. Am Ende aber steht die innere Erfahrung Gottes.

Von einem ökumenischen Standpunkt aus betrachtet, liegt die Hoffnung für die Zukunft weniger in der Einheit der Lehrmeinungen oder spirituellen Praktiken. Ich bezweifle, daß wir jemals dahin kommen werden. Es gibt so viele Meinungsverschiedenheiten darüber. Es geht vielmehr darum, die Einheit zu erkennen, die bereits im Geist besteht. Jeder getaufte Christ empfängt den Heiligen Geist, und in dieser Gabe sind wir bereits eins. Wir sind in unseren Ideen und Ritualen getrennt, aber der Heilige Geist ist ein Geschenk an jeden Christen, und ich ergänze, an jeden Menschen. Alle sind nach dem Bilde Gottes geschaffen, und dies heißt, der Geist ist in ihnen gegenwärtig. **Am Ort des Geistes sind wir bereits eins.** Die ökumenische Bewegung ruft uns dazu auf, diese Einheit im Geist zu erkennen, die uns allen bereits gemein ist und die noch wachsen kann.

Der hl. Paulus sagt: *„Niemand kann sagen: ‚Jesus ist der Herr‘, außer im Heiligen Geist."* Dies gilt für uns alle. Vielleicht gibt uns dies einen ökumenischen Ausblick auf die Zukunft und unseren Platz in ihr. Es ist wirklich wichtig, daß Gott uns zusammengeführt, uns die Kontemplation gelehrt und uns gezeigt hat, wie wir auf eine neue Art Kirche sein können. Das kontemplative Gebet ist für die Kirche und die Welt heute außerordentlich wichtig.

Gemeinsam in der einen Welt

Wir leben heute in einer gemeinsamen Welt, wo wir uns mehr als zuvor bewußt sind, daß wir ein Erbe aus der Vergangenheit besitzen – die Welt des alten Indien, die Welt Chinas, des Ostens – all dies ist uns nicht mehr fremd. Hindus, Buddhisten, Moslems wohnen unter uns, und wir alle beginnen zu begreifen, daß wir teilen müssen und nicht länger isoliert bleiben können. Und dies ist ganz besonders bedeutungsvoll für Christen (die meisten von uns haben ja mehr oder weniger eine christliche Herkunft). Unsere Kirchen gehen alle auf das zweite Jahrhundert zurück. Im ersten Jahrhundert entstand die Kirche in Palästina, und im zweiten Jahrhundert breitete sie sich immer weiter aus und ließ sich im Römischen Reich nieder. Wir entwickelten in ihr dann all jene griechisch-römische westliche Strukturen, und unsere Religion hat daher eine westliche griechisch-römische Prägung. Und dies vergessen wir sehr oft. Doch in Asien und ebenso in weiten Teilen Afrikas und in anderen Gebieten hat dies wenig zu bedeuten.

Heute müssen wir diese begrenzten Kulturräume, die unsere Religion einengen, überwinden und uns ihrer Verknüpfung mit anderen religiösen Traditionen bewußt werden. Dies halte ich für uns alle sehr dringlich. Ich weiß wohl, daß einige starken Widerstand leisten, doch sehe ich keinen anderen Weg; denn wir leben in diesem zerteilten Universum mit den fürchterlichen Trennungen zwischen uns. Die Christen sind in unzählige Kirchen und Sekten aufgegliedert, und sie streiten sich untereinander. Darüber hinaus sind die Christen von den anderen Religionen abgeschnitten. Und schließlich, jenseits der Religion, bestehen Unterschiede zwischen Rassen, Unterschiede in den wirtschaftlichen und politischen Strukturen und andere Differenzen.

Wir leben in einer zerstückelten Welt, und ich denke, wir sind herausgefordert und im Begriff zu lernen, über diese Teilung hinauszugelangen. Letztlich beruhen die Trennungen darauf, daß wir auf ein abgegrenztes Ich ausgerichtet sind. Wir glauben alle an ein getrenntes Ich – ich bin abgetrennt von dir, du von den andern und so weiter. Das ist eine Illusion, es gibt nicht dieses Getrenntsein des Ichs. Wir schaffen diese Vorstellung und beginnen dann miteinander zu streiten und uns zu bekämpfen. Hinter all den getrennten Ichs gibt es ein einziges transzendentes Selbst. In Indien wurde von jeher anerkannt, daß es ein transzendentes Selbst gibt.

Leib, Seele, Geist

Wir unterscheiden zwischen drei Ebenen. Da ist zunächst die physische Ebene. Heute erkennen wir, daß wir auf der physischen Ebene alle verbunden sind. Die moderne Wissenschaft zeigt uns, daß wir auf der physischen Ebene alle Glieder, Teile des kosmischen Ganzen sind. Wir sind alle in diesem zugrundeliegenden physischen Universum verbunden und deshalb auch dafür verantwortlich. Zerstören wir es durch unsere Technologie und dergleichen, sind wir der Gefahr ausgesetzt, unseren Lebensraum, der uns erhalten sollte, ebenfalls zu vernichten.

Durch unser getrenntes Ich sind wir alle psychologisch getrennt. Hinter dem getrennten Ich-Bewußtsein steht jedoch die gemeinsame psychische Einheit. Jung spricht vom kollektiven Unbewußten hinter diesen individuell bewußten Psychen, nämlich von einer Seele der Menschheit. Wir alle tragen die Vergangenheit der gesamten Menschheit in uns. Sie ist Teil unseres karmischen Erbes. Aus diesem Grunde habe ich gesagt, daß ich einen Sanskrit-Gesang anstimmen wollte; denn er ist in uns allen. Er ist nichts Fremdes. Wir gehören zu *einer* Gattung, zu einem Volk. Hinter dem getrennten Ich-Bewußtsein haben wir also eine psychologische Einheit.

Jenseits des Physischen und des Psychologischen gibt es aber noch eine dritte Dimension, die jedoch für viele Menschen kaum existiert, nämlich den *Geist* (griech.: *Pneuma*, Sanskrit:

Atman). Das Problem unserer ganzen Zivilisation ist, daß wir diese dritte Dimension fast ganz eliminiert haben. In der Hindu-Tradition ist zu beachten, daß es im fünften Jahrhundert vor Christus einen Durchbruch gab. Bis dahin lebten die Menschen in einer Art von mythologischem Universum: Die Menschen fühlten eine tiefe psychische Einheit, eine Stammeseinheit, die sie mit dem Blut ihrer Ahnen verband. Es herrschte eine starke Stammesverbundenheit, die noch ganz im grobstofflichen Leben verhaftet war. Die Menschen waren noch nicht zur Bewußtheit gelangt.

Das Mysterium Atmans

Im ersten Jahrhundert vor Christus, hauptsächlich zwischen fünfhundert und sechshundert vor Christus, fand in Indien dann ein Durchbruch statt, und jenseits der physischen und der psychologischen Welt öffnete man sich dem Mysterium des *Atman* – des Geistes, des *Brahman,* der einen Wirklichkeit. Und diese eine Wirklichkeit verbindet die ganze Schöpfung, verbindet jede Ebene des Lebens.

Man ist nicht wirklich unabhängig. Es gibt da draußen überhaupt keine physische Welt. Sie ist eine Illusion, die im siebzehnten Jahrhundert von Descartes und anderen geschaffen wurde. Es gibt keine physische Welt außerhalb von uns. Die physische Welt ist *in* uns. Ich zitiere immer gern den wunderbaren Spruch aus der **Chandogya-Upanishade**, der sehr bekannt ist:

In diesem Schloß des Körpers ist ein Schrein.
Und in dem Schrein ist ein Lotus.
Und in dem Lotus ist ein kleiner Raum.
Und was lebt nun dort in dem kleinen Raum im Herzen des Lotus?
Das ist es eben, was wir herauszufinden haben.

Dann heißt es weiter: Das ganze Universum ist in diesem kleinen Raum, weil der Schöpfer, der Ursprung von allem, im Herzen eines jeden von uns ist – jenseits unseres Körpers mit all seinen Begrenzungen. Jeder von uns ist in der Tiefe seines (unseres) Seins eins mit diesem transzendenten Mysterium, aus dem das ganze Universum kommt.

Das war der Durchbruch in den Upanishaden im fünften bis sechsten Jahrhundert, und das ist es, was wir wiedererlangen müssen. Ich glaube nicht, daß heutzutage ein ernsthaft nach Wahrheit und Wirklichkeit Suchender die Upanishaden außer acht lassen kann. Wir können diese Einsichten als Maßstab gebrauchen. Es ist die Gegenwart Gottes, die Wahrheit, die Wirklichkeit, welchen Namen wir ihr auch geben, die das Universum durchdringt. *Pan-en-Theismus:* Gott in allem. Diese alte Religion ist es, die nach Indien kam und dort heute noch die Grundlage bildet. In Indien ist die Erde noch geheiligt. Um morgens ein Bad zu nehmen, gehen die Leute hinunter zum Fluß und benetzen sich mit Wasser, wobei sie sich bewußt sind, daß das Wasser vom Himmel herunterkommt und der Gott Shiva es auf seinem Haupt sammelt, um es auf alle Flüsse Indiens zu verteilen. Man erhält dieses Wasser also vom Himmel, man wäscht sich in diesem himmlischen Wasser. Es ist ein wunderbares Ritual, und viele Brahmanen wenden es heute noch an.

Interessant ist auch, daß die Nahrung, die man zu sich nimmt, heilig ist. Für uns ist sie ganz profan. Wir nehmen sie, kochen und essen sie einfach. Für die Menschen dort aber ist es immer ein heiliges Ritual. Das richtige Ritual besteht normalerweise darin, daß man ein Bananenblatt nimmt (es wird kein Porzellanteller oder ähnliches verwendet), seinen Reis und das Gemüse darauf legt, mit Wasser darum herumsprüht und damit dann eine geheiligte Stelle bezeichnet. Die Nahrung wird der Natur entnommen, sie ist Gottes Gabe an uns, etwas Heiliges, und als solches wird sie Gott geopfert. Man bringt deshalb seine Speise als Opfer, damit Gott der Herr es „verzehren" kann.

Im Ashram singen wir immer den Vers aus der Bhagavad Gita, der besagt: *„Ich, der Herr, anwesend im Körper, verzehre die vier Arten von Speise."* Gott selbst ist immanent, präsent in der ganzen Schöpfung, präsent in allem Stofflichen, präsent in dieser Nahrung. Durch das Essen der Nahrung wird diese im Magen Gott geopfert und dadurch geweiht. Sie wird zu etwas Heiligem. Auf diese Weise ist die tägliche Speise wirklich ein Sakrament. Das ist etwas Wunderbares. Genau wie wir, verliert jedoch auch Indien ständig etwas davon. Wir werden alle verweltlicht und in höchstem Maße profan. Doch die alten Traditionen sind noch vorhanden. Die Erde ist heilig, das Wasser, die Nahrung und der Körper sind heilig.

Brahman – die göttliche Kraft

Wir neigen dazu, den Körper als eine chemische Substanz zu betrachten, füttern ihn mit Medikamenten, bearbeiten ihn und behandeln ihn als mechanisches Instrument. Für den Inder, für die alte Tradition, ist der Körper ein Ausdruck des Göttlichen. So ist es auch in der alten christlichen Tradition. Wir sind nach dem Bilde Gottes geschaffen. Der Körper ist also etwas Heiliges. Die Inder sagen, alle Sinne sind von Gott, das Organ, das sieht, das Organ, das hört, das Organ, das fühlt – es ist die göttliche Kraft, durch die wir sehen, hören und fühlen – immer aufs neue geheiligt, weil es der Aufenthalt des heiligen Mysteriums von *Brahman* ist.

Brahman ist ein unübersetzbares Wort. Es bedeutet einfach *„die göttliche Kraft"*, die in der ganzen Schöpfung, in der ganzen Menschheit und besonders im Opfer gegenwärtig ist. In alten Zeiten war es so, daß man immer dann, wenn man Nahrung aufnahm oder irgend etwas Wichtiges tat, es als Opfer hingab. *Sacrificium* (von *sacrum facere*) bedeutet, ein Ding heilig machen. Man übergibt es dem Herrn. Es ist sehr interessant, daß, wenn heute in Indien ein Reisfeld bepflanzt oder ein Haus zu bauen begonnen wird, die Arbeiter vorbeikommen und mich bitten, dort die ersten Setzlinge oder die ersten Mauersteine zu weihen. Jedes Werk muß geweiht werden – es ist nicht nur ein menschliches Anliegen, das man als seine eigene Angelegenheit zu verrichten hat, sondern man ist Teil eines kosmischen Ganzen und opfert daher etwas für die Quelle von allem, den kosmischen Ursprung, wodurch es wiederum zu etwas Heiligem wird.

Wir müssen versuchen, diese heilige Welt wiederzugewinnen. Wir können dies in unserem eigenen Leben tun, wenn wir damit beginnen, die Heiligkeit unseres Körpers und die Heiligkeit des Wassers, der Nahrung etc. zu sehen. Wir brauchen nicht alles als profan zu behandeln.

Eine der größten Offenbarungen heute ist, daß die westliche Naturwissenschaft, die dieses schrecklich mechanisierte Universum aufgebaut hat, in dem die Menschen von der Außenwelt säuberlich getrennt sind, dieses ganze Universum von **Descartes** und **Newton**, hinter sich zurückgelassen und entdeckt hat, daß das ganze physische Universum ein Energiefeld ist; und zwar ein in Schwingung befindliches Energiefeld in totaler Interdependenz. **Fritjof Capra** sagte: *„Das Universum ist ein kompliziertes Netz voneinander abhängiger Wechselbeziehungen."* So sehen wir heute das Universum, und wir alle sind ein Teil davon. Es gibt keinen Teil der Welt, welcher nicht mit jedem anderen Teil in Berührung und Verbindung ist.

Thomas von Aquin stellte die Frage, auf welche Weise Gott in allem sei? Und er gab selbst die Antwort darauf: In erster Linie ist Gott durch seine Kraft in allem. Ohne Gottes Kraft, den Ursprung von allem, würde nichts existieren. Diese Kraft erhält das Universum. Weiter sagt er, daß Gott diese Kraft nicht aus der Ferne ausübt, weil es in Gott keine Ferne gibt. Er ist in allem durch seine Gegenwart. Gott ist durch seine Kraft, die das Universum erhält, in allem gegenwärtig. Gott ist nicht durch einen Teil seiner selbst anwesend, da es in ihm keine Teile gibt – die göttliche Essenz ist in jedem Teilchen der Materie des gesamten Universums als Ganzes präsent.

Die göttliche Essenz, die Heilige Dreifaltigkeit ist in jedem und in allem ganz gegenwärtig. Während der Mensch vom Unwesentlichen gefangen ist, verliert er die Wirklichkeit aus den Augen. Im tiefen Sinne ist jedem bewußt, daß die äußere Welt eine Art Illusion, eine Projektion ist. Wir wissen heute, daß das Universum eigentlich ein Feld von Energien ist. Wir konstruieren innerhalb dieses Energiefeldes nun wiederum gesonderte Körper, gesonderte Elemente, gesondertes Dasein. Wir bilden diese Systeme und halten sie damit für voll gültig. Das ist eine Möglichkeit, das Universum zu betrachten, aber im Grunde genommen eine sehr ungeeignete und letztlich illusorische. Außerhalb von uns gibt es keine Welt, wie ich schon sagte. Wir projizieren durch unsere Sinne, durch unsere Instrumente, durch unsere Denkweise das ganze Universum nach außen. Unsere eigenen Vorstellungen projizieren dieses Universum; wir sehen Raum und Zeit, Ursache und Wirkung und das ganze Drumherum. So konstruieren wir dieses Universum, doch wir wissen, hinter all unseren Konstruktionen, hinter dieser ganzen ausgeklügelten Ordnung gibt es die verborgene Präsenz, das göttliche Mysterium.

„Ich sehe nichts"

Es gibt eine schöne Geschichte in den Upanishaden, wo der Lehrer zum Schüler sagt: *„Geh und bring eine Frucht von dem Baum dort."* Der Schüler bringt die Frucht, und der Lehrer sagt: *„Brich sie auf, und was siehst du da?"* Er antwortet: *„Ich sehe eine Menge Samenkörner."* Der Lehrer sagt: *„Brich ein Samenkorn auf und sag mir, was du siehst."* *„Ich sehe nichts"*, antwortet der Schüler. Der Lehrer sagt darauf: *„Aus diesem Nichts, das du nicht sehen kannst, entsteht dieser ganze Baum."*

Hinter diesem *„Nichts",* hinter der Frucht und dem Samenkorn gibt es etwas Wunderbares, und es ist etwas Wunderbares, daran zu denken. In Indien pflanzt man eine Kokosnuß, und es entsteht ein herrlicher Baum mit Ästen und

Kokosnüssen daraus. Es ist ein Wunder, daß dieser kleine Keimling solche Kraft in sich hat. Dies ist natürlich dieselbe Kraft, die hinter dem Universum wirkt. Die Geschichte gipfelt darin, daß dieselbe Kraft, die den Samen zum Keimen bringt und den Baum heranwachsen läßt, in *jedem* ist und auch dich zur Geburt bringt und dir Bewußtsein verleiht.

Das Bewußtsein ist eins mit dieser Kraft. *Brahman* und *Atman* sind eins. *Brahman* ist die Wirklichkeit im Universum, und *Atman* ist die Kraft im Menschen, im menschlichen Bewußtsein. **Jenseits unseres Körpers und unserer Psyche mit all ihren Unterschieden ist das Pneuma, der *Atman*, und dort genießen wir schon jetzt diese Einheit.** Wenn wir lernen können, unsere Psyche zu beruhigen, über all die vielfältigen Vorstellungen im Kopf hinauszugelangen und uns dem inneren Mysterium zu öffnen, entdecken wir diese Einheit.

Der Weg in das innere Mysterium geht über die Kontemplation. Man beobachtet in völligem Schweigen lediglich seinen Atemrhythmus, findet allmählich zu innerer Sammlung und kehrt zu seiner Mitte zurück. Und dann, in der Stille, wenn alle Projektionen verschwinden und nur die Gegenwart erlebt wird, öffnen wir uns der Transzendenz, dem jenseitigen Geheimnis.

Die Schwierigkeit ist allerdings, daß man das, was jenseits ist, nicht benennen kann. Manche nennen es Gott, aber Gott ist nur für einige Menschen ein Name für dieses göttliche Mysterium. Es gibt keinen Namen dafür. Auch in dieser Beziehung ist sich die Tradition äußerst sicher. Ich zitiere immer gern **Thomas von Aquin**, der sagte: *„Gott hat keinen Namen."* Niemand kann sagen: *„Quid est Deus?"* (Was ist Gott?) Er ist völlig jenseits aller Namen, aller Worte und Gedanken, er ist das transzendente Mysterium, und wir sind alle in die Präsenz dieses Mysteriums eingebunden. Es ist immer zugegen, aber wir wissen es einfach nicht. Wir sind so beschäftigt mit unseren Sinnen, vor allem mit unserer Psyche und all unseren

Plänen und Gedanken, daß wir die Gegenwart des Mysteriums einfach ignorieren. Ich denke, daß heute jeder von uns gerade danach streben sollte, sich der Gegenwart des Mysteriums bewußt zu werden.

In unserem Ashram haben wir Menschen, die aus der ganzen Welt kommen. Es ist faszinierend: Aus allen fünf Kontinenten kommend, und fast ohne Ausnahme, suchen sie diese innere Mitte zu finden, das Zentrum des Göttlichen, des Transzendenten, das sie befreit von dieser ganzen Verwirrung des Lebens und von allem, was sie rundum bedrängt. Man erfährt in den Tiefen des eigenen Seins das verborgene Mysterium selbst, das ohne Ausnahme in jedem Menschen gegenwärtige göttliche Mysterium. Manche mögen es ignorieren und nichts davon wissen, aber es ist dennoch vorhanden.

Auflösung und Übergang

Was geschieht eigentlich, wenn man stirbt? Nun, zunächst beginnt der Körper sich abzulösen, sich von der Seele zu trennen. Die Psyche oder Seele existiert dann noch eine Zeitlang weiter. Es gibt viele, die Nahtoderfahrungen hatten. Sie erlebten, daß sie zum Licht hingezogen wurden und dabei in einen feinstofflichen Leib übergehen. Es gibt heute viele Beweise für diesen feinstofflichen Leib. Auch in Indien hat man von jeher über einen grobstofflichen Leib nachgedacht. Er ist aber nur ein Sekundärstadium und nicht von Dauer; auch er löst sich auf. Es gibt keine Dauerhaftigkeit im Körper, keine Dauerhaftigkeit in der Psyche. Man geht in seinem *Atman* über, in seinen Geist, in die ewige Wirklichkeit, die alle Zeit in uns ist. Jenseits des Körpers und der Seele ist die ewige Wirklichkeit, das Göttliche, Gott – welchen Namen man ihm auch geben mag – immer gegenwärtig.

Die Kontemplation ist darauf ausgerichtet, den Menschen zu diesem Punkt der Ruhe zu bringen, zur inneren Mitte, so daß man sich der tieferen Wirklichkeit des Lebens hinter allem bewußt wird. Ich denke, daß viele Menschen bei all den Tragödien, die sich heute abspielen, das Gefühl der totalen Frustration empfinden. Es ist fürchterlich, wie gewaltsamer Tod und Vernichtung überall auf der Welt Schrecken verbreiten und die Menschen verzweifeln lassen. Wenn man auf dieser Ebene sein Leben lebt, wird man am Ende resignieren, den Mut verlieren. Aber hinter all diesen Konflikten, dieser Gewalt, gibt es die Präsenz eines verborgenen Mysteriums. Wenn man dies erfaßt, bleiben einem zwar die Tragödien, die es gibt, nicht erspart, aber man wird nicht mehr auf die gleiche Weise davon betroffen sein. Angenommen, man verliert ein Kind oder die Frau oder einen Freund und ist dann vollständig in das eigene Körper-Seele-Konzept absorbiert, wird man aufs Äußerste verstört, und die Welt scheint unterzugehen. Lernt man aber, sich von seinem Körper und seiner Seele zu distanzieren und für das Ewige im Innern offen zu sein, erreicht man einen inneren Frieden, eine Art innerer Bewußtheit, die einen davor schützt, verzweifelt und niedergeschlagen zu sein.

Die Erfahrung des Weiblichen

Viele werden nun vielleicht feststellen, daß sie in der äußeren Welt leben, daß sie ein Leben der Illusion führen und den Drang haben, davon loszukommen. Man kann auf vielerlei Weise zum Durchbruch gelangen.

Ich möchte dazu meine Geschichte erzählen. Im Januar 1990 hatte ich einen Schlaganfall. Das war ein tiefgreifendes Ereignis. Ich wurde am Kopf wie von einem Hammer getroffen, fühlte mich ganz von Sinnen und k.o. geschlagen. Ich kroch ins Bett, und alle dachten, ich läge im Sterben. Auch ich dachte, dem sei wirklich so, und sprach etwa eine Woche lang nicht. Nach dieser Woche begann ich, mich zu erholen – eine völlige Veränderung war geschehen. Die ganze rationale, analytische, naturwissenschaftliche, logische Denkart war zerschlagen, und das tiefere, intuitive, kreative *„innere"* Empfinden begann auf-

zutauchen. Das ist in uns allen. Wir alle haben diesen bewußten, rationalen Intellekt, den wir überall in unseren Schulen
und Universitäten entwickeln, aber hinter alledem liegt das
Tiefere, Intuitive und Weibliche.

Eine meiner Entdeckungen war, daß zuvor die maskuline
Grundeinstellung in mir vorgeherrscht und die feminine Kom-
ponente der Psyche, wie bei den meisten von uns, unterdrückt
worden war. Der Schlag, der das männliche Denken nieder-
warf, öffnete das Weibliche. Es brach in der Tat eine ungeheure Welle von Liebe hervor, eine Art weiblicher Liebe, ich
weiß nicht, wie ich sie beschreiben soll, sie kam einfach über
mich. Ich meine, daß das in jedem ist. Wir haben alle diese
rationale Einstellung, die alles kontrolliert und unsere Gesellschaft beherrscht. Wenn wir davon ablassen, entdecken wir
die Tiefen der Liebe, Intimität, Freude und Frieden – das
Gegenteil von allem. Es ist alles vorhanden, in jedem von uns,
wenn wir es nur finden.

Man muß dahin allerdings durchstoßen, einmal etwas loslassen. Das kann jederzeit geschehen. Jetzt denke ich immer,
wenn jemand Krebs hat oder Aids oder ähnliches, dies wären
Gelegenheiten für einen Durchbruch. Immer wieder geschieht
es gerade in dem Augenblick, wenn man über sein Ego-Be-
wußtsein hinausgeht und etwas jenseits davon entdeckt, den
tieferen Sinn des Lebens. Man darf niemals denken, diese
Ereignisse seien bloß negativ. Sie haben immer einen positi-
ven Wert. Menschen von der Hospiz-Bewegung, die Sterben-
de begleiten, haben mir erzählt, wie schmerzlich es zunächst
ist, wenn die Patienten sehr verletzt und vorwurfsvoll fragen:
„Warum läßt Gott dies zu?" und *„Was habe ich getan, daß ich
dies nun verdiene?"* oder ähnliches. Man fühlt sich elend
und voller Selbstmitleid. Doch in dem Augenblick, wenn
man all dies losläßt, das Ego aufgibt, sich fügt, kommt ein
wunderbarer Frieden. Man entdeckt etwas im Innern, das die
Last tragen kann und Menschen zu einem tiefen inneren Frieden führt. So ist es in allen von uns. Jeder hat in sich diese

tiefe Quelle von innerer Freude, innerem Frieden und von Liebe.

Wenn Leidende den Dhammapada lesen, ist es ergreifend, ihnen anzusehen, welche Freude sie empfinden, welcher Frieden über sie gekommen ist. Es ist eine echte Erfahrung, die wir alle machen können. Wir sind durch Wissenschaft und Technologie, durch unser gesamtes soziales und politisches System in einer Weise konditioniert, die in mir die Befürchtung weckt, daß wir schließlich noch von unseren religiösen Systemen manipuliert werden, und das ist ein sehr großes Problem.

Die Rückkehr ins Paradies

Die hebräische Tradition der Bibel ist, wie man sieht, dualistisch. Gott ist von der Welt getrennt. Gott ist von der Menschheit getrennt, und die Lebewesen sind von Gott sowie untereinander und von der Welt getrennt; alle leben für sich. Trennung bedeutet Konflikt mit der Umwelt. Dies bedeutet, wenn man so will, den gefallenen Zustand des Menschen. Es gibt jedoch in der biblischen Tradition eine ständige Bewegung, um über diese Dualität hinauszugelangen: die Idee von der Rückkehr ins Paradies. Das Paradies ist die Zeit, in der wir uns einmal in totaler Einheit befanden. Im Schoße der Mutter waren wir alle eins mit der Natur, eins mit dem Leben, eins mit der ganzen Schöpfung. Im Fruchtwasser gebettet zu sein, war reine Wonne. Wir alle kommen aus dieser Wonne heraus auf die Welt – und dort ist Mühsal und Kampf. Wir beginnen zu denken, das Bewußtsein entwickelt sich, und damit kommen all die Unterscheidungen, so daß wir abgetrennt werden und in Spannung geraten. Wir haben aber eine Erinnerung an diese Einheit. Wir alle kommen aus dieser Einheit und haben das Verlangen, dorthin zurückzukehren, zurück ins Paradies.

In der israelitischen Tradition vollzog sich diese Rückkehr zur Einheit jenseits aller Konflikte. Es entstand dann die Idee zu einem neuen Gesetz. Das Gesetz wurde von Moses bestimmt: Tut dieses nicht, tut jenes nicht! Wir alle unterliegen dem moralischen Gesetz, von dem stets Unterdrückung ausgeht. Der hl. Paulus erkannte, daß das moralische Gesetz, das immerzu frustriert, die Ursache des Elends ist. Wir sind zwar weiterhin dem Zwang ausgesetzt, aber es ist nicht gut, es dabei bewenden zu lassen. Man muß vielmehr *bewußt* handeln und darf nicht im Stadium des moralischen Gesetzes oder des rationalen Denkens steckenbleiben, sondern muß darüber hinauswachsen.

Die biblische Tradition führt uns zum Neuen Bund, der neuen Schöpfung, und ich denke, Jesus führt die Menschheit im Neuen Testament aus diesem dualistischen Universum hinaus. Er tut es, indem er sich stets über das Gesetz hinwegsetzt. Er unterließ weder das Lehren am Sabbath noch den Umgang mit Leuten, die als Sünder bezeichnet wurden, noch das Arbeiten mit Frauen. Die Beziehung von Jesus zu Frauen war eine außergewöhnliche. Er gesellte sich frei zu ihnen, hatte tiefe Freundschaften mit Frauen. So sprach er mit der Samariterin – sie war eine Ketzerin, eine Ausgestoßene – obwohl er sich nicht mit ihr einlassen sollte. Dennoch sprach er in aller Öffentlichkeit mit ihr und offenbarte sich ihr.

Jesus durchschaute diese gesamte moralische Gesetzestradition. Auch der hl. Paulus erkannte, daß man über das Gesetz hinausgelangen muß. Jesus gibt am Ende am Kreuz alles hin und liefert sich selbst total aus. Liefert man sein Ego mit seinem ganzen Sein aus, so öffnet man sich dem Unendlichen, der ewigen Wirklichkeit, die ewige Liebe ist. Auf diese Weise führt Jesus die Menschheit über jeden Konflikt und das Gesetz hinaus in diese ewige Wirklichkeit, wo wir uns eigentlich aufhalten sollten. Aber die christlichen Kirchen neigen dazu, wieder im Gesetz steckenzubleiben. Die Schwierigkeit ist, daß man ohne Gesetz nicht auskommt. Wir brauchen ein Mindestmaß an Gesetzen, jede Gesellschaft braucht ihre Gesetze. Es ist jedoch nicht sinnvoll, nur durch das Gesetz zu leben. Gesetze sind als Grundlagen und Richtlinien nötig, aber nur, wenn wir über das Gesetz hinausgelangen können, finden wir den Eingang in das Mysterium der Liebe.

Eins mit dem Ewigen

Jenseits des Gesetzes ist die Liebe. Bei Paulus kommt dies wunderbar zum Ausdruck. Er war Pharisäer und hatte unter dem Gesetz gelebt, aber er erkannte, daß es sein Wachstum hemmte. Es gelang ihm, mit dem Gesetz zu brechen und das Mysterium der Gnade zu erfahren. Die Gnade ist ein ganz echtes Geschenk. Man wird nicht gerettet, weil man gut und wohltätig ist. Man wird gerettet durch das echte Geschenk der Liebe, einer transzendenten, bedingungslosen Liebe, die sich jedem öffnet, wenn man sich ihr öffnet. Darum besteht also die Herausforderung, über das Ego hinauszugelangen, über die Begrenzung des rationalen Denkens, und offen zu sein für dieses verborgene Mysterium, das uns alle ruft. Dieser Appell zur Grenzüberschreitung, zum heiligen Mysterium liegt hinter allen Begrenzungen unseres menschlichen Lebens. Wie bereits gesagt, lösen sich, wenn man stirbt, sowohl Körper als auch Psyche (Seele) auf, und der ewige Geist (das Selbst) kehrt zurück zum ewigen Geist.

Jenseits meines Körpers und meiner Psyche ist der *Atman*, der innere Geist, und dort bin ich eins mit Gott. In der Tiefe meines Seins bin ich eins mit dem Ewigen.

8.

DER MÖNCH IN UNS

OM-Bhur-Bhuvas-Svah
Tat Savitur Varenyam
Bhargo Devasya Dhimahi
Dhiyo Yo Nah Prachodayat

Gegrüßt sei die Welt,
die in der Erde, im Himmel
und darüber gegenwärtig ist.
Meditieren wir auf den herrlichen Glanz
dieses göttlichen Lebensspenders.
Möge er unsere Meditation erleuchten.

Die nachfolgende Rede hielt Bede Griffiths im Saccidananda Ashram Shantivanam anläßlich der Weihe von Roland R. Ropers zum Laienmönch (Oblate). Die Weihezeremonie fand am 15. Dezember 1991 bei Tagesanbruch am Ufer des Cauvery River statt.

Lieber Roland, liebe Freunde,

der große Unterschied zwischen früher und heute ist, daß man früher ins Kloster ging, wenn man sein Leben Gott opfern wollte. Heute erkennen jedoch mehr und mehr Menschen, daß man aus seinem Leben an jedem Ort der Erde ein Opfer machen kann. Heute verläuft die Bewegung außerhalb der Klöster und *in* der Welt, Menschen suchen Gott also *in* der Welt. Der hl. Benedikt beschreibt einen Mönch so: Ein Gottsucher versucht aus seinem ganzen Leben ein Opfer für Gott zu machen. Überall auf der Erde geschieht dies heute mehr und mehr unter den Laien. Es gibt eine Strömung heraus aus den Klöstern, aus der hierarchisch organisierten Kirche und hinein in die Laienschaft, in das Laienvolk, das Gottesvolk.

Diese Bewegung gibt es überall in der Kirche und auf der ganzen Welt, und sie ist eine höchst wichtige Bewegung. Das Volk Gottes vernimmt einen universellen Ruf, einen Ruf zur Kontemplation. Kontemplation heißt Leben in Gott. Und das ist es, was die Menschen heutzutage suchen: Wie sie in Gott leben können, ihr Leben als Ehepartner, als Berufstätige, als Eltern – jedes Leben in Gott führen können. Das ist eine ganz entscheidende Berufung.

Eine Weihe zum Laienmönch ist ein Ereignis, das zu unser aller Wohl und mit unser aller Beteiligung vollzogen wird. Sie ist kein isoliertes Ereignis, sie ist Teil dieser Bewegung. Wir versuchen also, diese Weihe zu einem bedeutsamen Faktor in unserem Leben zu machen, zu einem Teil dieser überall auf der Welt auftretenden Bewegung.

Überall auf den fünf Kontinenten entdecken die Menschen heute diesen Weg der Weihe zum Laienmönch und schenken ihr Leben Gott. Hier in Shantivanam beziehen wir eine solche Weihe im besonderen auf die ganze Tradition Indiens. In Indien verspürte man schon immer diesen Ruf, sein Leben Gott zu schenken. Nach den Veden ist es normalerweise der Sannyasin, der dem Leben in der Familie, dem Leben in der Welt entsagt. Und so versuche ich da, wo wir unser Leben in und durch Christus in der Kirche Gott zum Opfer bringen, die indische Tradition des *sannyasa,* die Hingabe des Lebens an Gott, das Alles-Preisgeben mit der christlichen Tradition des hl. Benedikts zu verbinden. Es ist benediktinische Tradition, sein Leben Gott zu opfern, und der Laienmönch wird dabei im Zusammenhang mit dieser monastischen Tradition gesehen. Das also ist es, was wir heute feiern.

Aber zuerst wollen wir in den verschiedenen Schriften lesen, um uns mit der Vergangenheit Indiens, die auch die Vergangenheit der Menschheit ist, zu verbinden.

Im Dienst der ganzen Menschheit hat im ersten Jahrtausend in Indien ein Durchbruch zur Gotteserfahrung stattgefunden. Wir beziehen uns zunächst auf diesen Durchbruch, indem wir in den Upanishaden und im Dhammapada lesen.

Lesung aus der Brihadaranyaka-Upanishad

Aus Täuschung führe mich zur Wahrheit.
Aus Dunkel führe mich zum Licht,
Aus Tod geleite mich zur Unsterblichkeit.

(I, 3.28)

Die Welt ist eine Dreiheit, sie besteht aus Name, Form und Tat.

Der Ursprung aller Namen ist das Wort, denn durch das Wort spricht man die Namen aus. Das Wort steht hinter allen Namen, hinter diesem Wort jedoch steht Brahman.

Der Ursprung aller Formen ist das Auge. Durch das Auge nämlich wird die Form erblickt. So steht das Auge hinter allen Formen, so wie Brahman hinter diesem Auge steht.

Der Ursprung aller Taten ist der Körper. Durch den Körper nämlich wird die Tat getan. So steht der Körper hinter allen Taten, so wie *Brahman* hinter diesem Körper steht.

Die drei sind eins, sind Atman, sind des Lebens Geist. Und Atman, obwohl eins, ist diese drei.

Das, was unsterblich ist, wird wie durch einen Schleier vom Erscheinenden verdeckt. Der Geist des Lebens ist unsterblich. Name, Form sind das Erscheinende, von ihnen wird der Geist verdeckt.

(I, 6)

Lesung aus dem Dhammapada

Achtsamkeit, Kapitel II

Achtsamkeit führt zur Todlosigkeit,
Leichtsinn zum Reich des Sterbens hin;
Die Ernsten streben nimmermehr,
Die Leichten sind den Leichen gleich.

Vollkommen dieser Achtsamkeit bewußt
In allem und in jedem Ding
Sind Weise achtsamen Sinnes froh,
Sind selig ihrer Heiligung.

Die Selbstvertieften, Stetigen,
Die unentwegten Gewaltigen,
Die weise Überwindenden
Erreichen Unvergleichliches,
Nirvana, allerhöchstes Heil.

Kühn, kraftvoll und bewußtseinsklar,
Rein, makellos und wohlbedacht,
Treu seinem Orden, selbstbezähmt –
So reift des Achtsamen Ehre bald.

Mit Heldenmut und achtsamen Sinn,
Mit Selbstbezähmung und Verzicht
Schafft, standhaft, ein Eiland euch,
Das jeder Flut gewachsen ist.

Dem leichten Sinn ergeben sich
Erlahmte Männer, ohne Mut;
Die Achtsamkeit bewahrt der weise Mann
Als köstlich besten Schatzeshort.

Ergebt euch nicht dem leichten Sinn,
O folget nicht der Liebeslust!
Der achtsam in sich gekehrte Mönch
Ist höchstem Heil schon selig nah.

Wenn mutig mit der Achtsamkeits Kraft
Der Weise sich vom Leichtsinn löst,
Blickt von der Weisheit Warte er
Leidlos in diese Leidenswelt:
Wie einer, der am Gipfel steht,
Tief unten Talbewohner sieht,
Betrachtet er gestählten Sinns
Die Toren und das Torentum.

Achtsam unter lässig leichtem Volk,
Wach unter Schlafversunkenen,
Dem Renner unter Kleppern gleich,
Besitzlos zieht der Weise hin.

Durch Achtsamkeit erwarb sich Maghava,
Der Götterfürst, den ersten Rang;
Verehrung wird der Achtsamkeit zuteil,
Verachtung trifft den Leichtsinn stets.

Der wachen Mutes frohe Mönch,
Der Graus erkennt im leichten Sinn,
Empfindet jedes Daseinsband,
Ob grob, ob fein, wie Feuersglut.

Der wachen Mutes frohe Mönch,
Der Graus erkennt im leichten Sinn,
Entronnen der Vergänglichkeit
Ist baldig dem Nirvana nah.

Dieser Umbruch zur Transzendenz vollzog sich später auch in Israel, und wir können im Alten Testament sehen, wie auch Israel Gott entdeckte. Wir stehen deshalb sowohl zur Vergangenheit Indiens als auch zur Vergangenheit Israels in Verbindung.

Nun lesen wir im Neuen Testament, wie Jesus und nur jene, die aufs neue geboren sind, ins Königreich Gottes eingehen können. Dieses Reich Gottes bedeutet gerade das Leben im Geist. *„Der Geist weht, wo er will."* Jeder Mensch ist aus dem Geist geboren. Und so versuchen wir, ins Mysterium Christi einzugehen, das einst gefeiert wurde und sich jetzt überall auf der Welt vollzieht. Wir sind Teil dieser Strömung der Gnade und göttlichen Liebe, die jetzt überall auf der Welt wirkt.

Lesung aus dem Johannesevangelium, 3, 1–21

Es war ein Pharisäer namens Nikodemus, ein führender Mann unter den Juden.

Der suchte Jesus bei Nacht auf und sagte zu ihm: Rabbi, wir wissen, du bist ein Lehrer, der von Gott gekommen ist; denn niemand kann die Zeichen tun, die du tust, wenn nicht Gott mit ihm ist.

Jesus antwortete ihm: Amen, amen, ich sage dir: Wenn jemand nicht von neuem geboren wird, kann er das Reich Gottes nicht sehen.

Nikodemus entgegnete ihm: Wie kann ein Mensch, der schon alt ist, geboren werden? Er kann doch nicht in den Schoß seiner Mutter zurückkehren und ein zweites Mal geboren werden.

Jesus antwortete: Amen, amen, ich sage dir: Wenn jemand nicht aus Wasser und Geist geboren wird, kann er nicht in das Reich Gottes kommen.

Was aus dem Fleisch geboren ist, das ist Fleisch; was aber aus dem Geist geboren ist, das ist Geist.

Wundere dich nicht, daß ich dir sage: Ihr müßt von neuem geboren werden.

Der Wind weht, wo er will; du hörst sein Brausen, weißt aber nicht, woher er kommt und wohin er geht. So ist es mit jedem, der aus dem Geist geboren ist.

Nikodemus erwiderte ihm: Wie kann das geschehen?

Jesus antwortete: Du bist der Lehrer Israels und verstehst das nicht?

Amen, amen, ich sage dir: Was wir wissen, davon reden wir, und was wir gesehen haben, das bezeugen wir, und doch nehmt ihr unser Zeugnis nicht an.

Wenn ich zu euch über irdische Dinge gesprochen habe und ihr nicht glaubt, wie werdet ihr glauben, wenn ich zu euch über himmlische Dinge spreche?

Und niemand ist in den Himmel hinaufgestiegen außer dem, der vom Himmel herabgestiegen ist: Der Menschensohn.

Und wie Mose die Schlange in der Wüste erhöht hat, so muß der Menschensohn erhöht werden, damit jeder, der (an ihn) glaubt, in ihm das ewige Leben hat.

Denn Gott hat die Welt so sehr geliebt, daß er seinen einzigen Sohn hingab, damit jeder, der an ihn glaubt, nicht zugrunde geht, sondern das ewige Leben hat. Denn Gott hat seinen Sohn nicht in die Welt gesandt, damit er die Welt richtet, sondern damit die Welt durch ihn gerettet wird.

Wer an ihn glaubt, wird nicht gerichtet; wer nicht glaubt, ist schon gerichtet, weil er an den Namen des einzigen Sohnes Gottes nicht geglaubt hat.

Denn mit dem Gericht verhält es sich so: Das Licht kam in die Welt, und die Menschen liebten die Finsternis mehr als das Licht; denn ihre Taten waren böse. Jeder, der Böses tut, haßt das Licht und kommt nicht zum Licht, damit seine Taten nicht aufgedeckt werden.

Wer aber die Wahrheit tut, kommt zum Licht, damit offenbar wird, daß seine Taten in Gott vollbracht sind.

Die Oblatenweihe

Diese Weihezeremonie gilt Roland Ropers, der damit zum Laienmönch des hl. Benedikt wird. Er wird heute einen zusätzlichen Namen erhalten, Romuald, den Namen des Gründers des Kamaldolenser-Ordens. Die großen Anliegen des hl. Romuald waren Kontemplation und Einsamkeit.

Ich möchte nun ein wenig die Bedeutung dieser Weihe erklären, weil ich glaube, sie hat heute eine Bedeutung für die Menschheit als Ganzes. Ein Laienmönch oder Oblate ist ein Mensch, der Gott geweiht ist. Diese Tradition begann in den Benediktiner-Klöstern, wo Kinder im Kloster Gott geweiht wurden. Mein Schutzpatron, der hl. Bede, wurde schon als 7jähriger Knabe Gott geweiht und blieb dann das ganze Leben im Kloster. In späteren Zeiten wurde es noch üblicher, daß ein Mensch, der Gott sein Leben im Rahmen des monastischen Lebens weihen wollte, ein Laienmönch wurde, und heute gibt es überall auf der Welt viele Laienmönche. Dabei kann die Verbindung zum Kloster sehr lose, aber auch sehr eng sein. Wir sehen heute darin aber noch einen tieferen Sinn.

Bis in die jüngste Zeit wurden Männer und Frauen, die ihr Leben Gott weihen wollten, in der katholischen Kirche normalerweise Geistliche, Mönche oder Nonnen. Der Weg zur Vollkommenheit, so glaubte man, sei allein diesen Lebensformen vorbehalten. Heute findet diesbezüglich jedoch ein gewaltiger Wandel statt, und Menschen überall auf der Welt, in Europa, Amerika und Australien, versuchen als Laien ihr Leben Gott zu weihen. Das meint der Begriff des Laienmönchs, wenn Menschen, egal in welcher Situation sie leben, ob verheiratet oder nicht, ihr ganzes Leben Gott weihen.

Ich denke, dies ist von großer Bedeutung für die Kirche als Ganzes, weil die Kirche eine Kirche der Laien ist; immerhin stellen sie ja 99% des Gottesvolkes, sie sind die Kirche. Innerhalb des Volk Gottes haben manche Menschen bestimmte

Ämter wie Priester, Bischof oder Papst. Wir müssen sie in diesem Zusammenhang als Diener des Volkes Gottes sehen.

Der eigentliche Wandel begann, als die Laienbewegung und verschiedene Methoden der Meditation aufkamen. Viele Menschen meditieren über die Bibel. Das ist sehr gut, denn es ist das Zeichen für einen Anfang. Meditiert man über die Bibel, so geht man von einem Aspekt zum andern, es ist also eine Form der diskursiven Meditation. Doch Meditation im tiefen Sinn der Kontemplation, wie wir das nennen, meint, daß das Bewußtsein über all diese Bewegungen hinausgeht und sich auf Gott, der dort drinnen ist, auf die *eine* Wirklichkeit, richtet. Von daher wird auch Yoga definiert: Yoga ist das Aufhören der Bewegungen des Bewußtseins. Das Denken hört auf, und etwas Neues kann seinen Anfang nehmen.

Von der Meditation zur Kontemplation

Wir müssen zwischen Meditation und Kontemplation unterscheiden. Meditation ist in der christlichen Tradition das Nachdenken über das Wort Gottes. Im Mittelalter gab es vier Stufen des Gebets: *lectio divina, meditatio, oratio, contemplatio. Lectio* ist Lektüre des Wort Gottes. Man hielt das für sehr wichtig und las immer laut. Das macht man heute interessanterweise noch in Tamil Nadu. Ich weiß nicht, ob ihr das schon bemerkt habt. Man sieht dort Schüler, die am Flußufer ihre Lektionen lernen, und sie sprechen die Worte dabei immer laut vor sich hin. Auch in der Antike las man immer laut, wie z. B. der hl. Augustinus. Man beginnt also mit der *lectio,* man liest den Text. Die *meditatio* ist dann das Nachdenken darüber, was man liest. Das ist auch das allgemeine Verständnis von Meditation: Nachdenken über das, was man in der Bibel oder in sonst einer Heiligen Schrift, die man besitzt, gelesen hat. Die nächste Stufe ist die *oratio.* Man empfindet nun, daß man nicht mehr nur Worte liest und über Gott nachdenkt, sondern daß jetzt eine Beziehung zu Gott entsteht – man beginnt zu beten. So führt Meditation zum Gebet. Man könnte das Gebet einteilen in Versammlung, Lobgebet, Dankgebet und gottesdienstliches Gebet, was schließlich zur Kontemplation führt.

Kontemplation ist die Erfahrung Gottes jenseits der Sprache, jenseits des Denkens. Man erfährt die Gegenwart Gottes als die *eine* Wahrheit, die *eine* Wirklichkeit, wie man sie auch immer in den Tiefen seiner Seele benennen mag. In der christlichen Tradition wird das als Geschenk Gottes betrachtet. Man kann es sich nicht selbst schenken. Man kann sich natürlich mit der *lectio,* der *meditatio,* der *oratio* vorbereiten, aber dann muß sich noch etwas anderes ereignen: Man muß sich selbst aufgeben, sich selbst preisgeben. Dann treten Gott oder das Unendliche ins Leben ein und fangen an, es zu verändern. Das ist Kontemplation oder, mit der gleichen Bedeutung, Meditation im östlichen Sinn. Wenn im Orient von Meditation gesprochen wird, bezieht man sich auf eine Methode, durch die man sich in einen Zustand der Bewußtheit bringt, der Bewußtheit der transzendenten Wirklichkeit, oder wie man es auch immer benennen mag.

Unter den Laien hat sich jetzt also eine Bewegung entwickelt, gemeinsam zu lesen, regelmäßig morgens und abends zu meditieren und das ganze Leben auf diese Suche nach Gott auszurichten. Der **hl. Benedikt** sagte: *„Es ist die Arbeit des Mönchs, Gott zu suchen."* Und auch wir sprechen in diesem Sinne von einer Suche nach Gott. Das bedeute die Suche nach der Erfahrung Gottes; nicht Nachdenken über Gott oder Sprechen über Gott, sondern Eintreten in die aktuelle Erfahrung, in die Wirklichkeit. Das ist es, wonach die Menschen heute suchen. Sie haben all dieses Gerede über die Suche, die Worte, Gedanken und wunderschönen Bücher satt. Sie wollen die Wirklichkeit Gottes in ihrem Leben, in der Tiefe, in ihrem Wesen entdecken.

Körper, Seele, Geist

An dieser Stelle komme ich nun auf eine sehr sinnvolle Einteilung. Wir sollten nämlich daran denken, daß jeder Mensch Körper, Seele und Geist ist. Wir haben einen Körper, einen physischen Organismus, den die meisten Menschen über ihre Sinne erleben; sie leben so in ihren Sinnen. Wir alle tun das und leben ein Leben im Körper, ein physisches Leben. Jenseits des Physischen liegt das Psychische, die Psyche. Sie umfaßt die Sinneswahrnehmungen, die Empfindungen, die Phantasie, den Verstand, den Willen, alle psychischen Eigenschaften der Seele. Das ist der bewußte Aspekt des Unbewußten, der heute in psychologischen Untersuchungen die Welt der Psyche genannt wird. **Die Mehrzahl der Menschen gelangt nicht über die Psyche hinaus.** C. G. Jung, vielleicht der größte moderne Psychologe, kam niemals wirklich über die Psyche hinaus. Er blickte zwar in gewissem Sinne immer wieder über sie hinaus, aber als Psychologe sah er seine Aufgabe darin, alles in den Begriffen der Psyche zu erklären. In alten Traditionen jedoch, beim hl. Paulus, den Kirchenvätern und ganz stark in den buddhistischen und hinduistischen Traditionen, liegt jenseits der Psyche der Geist, das *Pneuma* des hl. Paulus oder der *Atman* im Sanskrit. Das ist der Punkt, wo sich der Mensch auf das Göttliche, auf das Unendliche, auf das Ewige richtet. Solange wir im Bereich der Psyche bleiben, benützen wir Worte, Bilder und Gedanken und sind auf unser Ich, unseren Körper, unser Denken und die Begrenzungen unserer menschlichen Natur konditioniert. Aber am Punkt des Geistes überschreiten wir unsere menschlichen Begrenzungen und werden uns der Gegenwart des Unendlichen, des Ewigen oder des Einen bewußt.

Karl Rahner, der, wie ich glaube, bedeutendste Theologe des 20. Jahrhunderts, entwickelte in der Tat den Gedanken, daß der Mensch zur Selbstüberschreitung geschaffen sei. Wir können uns selbst überschreiten. Wir besitzen ein Ego, und die

Psyche hat ihr Zentrum im Ego, in der auf sich selbst zentrierten Persönlichkeit. Im Sanskrit gibt es die Sinne, die *Manas,* die *Buddhi* und das *Ahamkara.* Die *Manas* stellten den rationalen, durch die Sinne arbeitenden Verstand dar. *Buddhi* ist die Intelligenz, die den rationalen Verstand erleuchtet und die Grundprinzipien darstellt, und das *Ahamkara* ist der Ich-Erzeuger. Wir alle richten uns aus auf das Ego, diesen Ich-Erzeuger, und begrenzen uns so durch den Verstand. Wir sind alle kleine, voneinander getrennte Selbste, was das Hauptproblem unseres Lebens ist. Jeder Mensch wächst mit diesem Ego auf und konzentriert sich auf diese getrennte, individuelle Persönlichkeit, die das Ich ist. Doch in der tieferen Tradition gibt es jenseits des Egos, des *Ahamkara,* noch den Geist, den *Atman,* den Ort der Kommunion mit dem Transzendenten, dem Ewigen, dem Unendlichen, mit Gott. Das ist der Bezugspunkt allen menschlichen Lebens. Solange sind wir keine richtigen Menschen, solange sind wir nicht, was wir Menschen nennen, bis wir unser Ego und unseren rationalen Verstand überschreiten und uns für den *Atman,* den Geist, das Ewige, öffnen. Das geschieht heute unter euch und überall auf der Welt. Die Menschen sind auf der Suche nach dem *Atman* und dem Geist, dem Selbst, dem Transzendenten, dem Einen jenseits all dieser Begrenzungen.

Das ist eine gewaltige Bewegung, es ist wirklich ein Ereignis, es geschieht heutzutage etwas unter den Menschen.

Die alten religiösen Traditionen brechen zusammen, weil viele Menschen immer noch fast ausschließlich über die Psyche belehrt werden. Ich meine, ihr alle habt eure Bilder in den Tempeln und Kirchen, ihr habt eure Rituale, die natürlich auch eine tiefere Bedeutung besitzen, und ihr habt eure Grundsätze, Theologien und Philosophien: Das alles ist ein herrlicher Betrieb. Aber es ist alles von unseren Sinnen begrenzt.

Ich würde auch gerne eine Unterscheidung zwischen dem Individuum und der Persönlichkeit treffen. Jeder von uns ist ein individuelles Ego und lebt dabei von allen anderen getrennt. Wir sind durch den Körper konditioniert und unterliegen allen möglichen Begrenzungen. Doch jenseits des Individuums ist jeder von uns auch eine Persönlichkeit. Sie ist der Ort, wo wir unser Ego überschreiten und uns für andere und für Gott öffnen, für andere und für das Transzendente als Ganzes. In unserem Körper und unserem Bewußtsein sind wir alle voneinander getrennt. Doch tief in jedem Menschen liegt auch diese Offenheit für das Ewige, das Unendliche. Das ist unsere eigentliche Persönlichkeit. Auf dieser Ebene sind wir nicht mehr voneinander getrennt oder geteilt, und wir entdecken in allen Traditionen Gemeinsamkeiten. Wenn wir die Teilungen und Begrenzungen des Individuums hinter uns lassen, entdecken wir den *Atman,* den Geist, das *Pneuma* – die eigentliche menschliche Existenz.

Persönlichkeit bedeutet Beziehung. Als Persönlichkeit existieren wir in Beziehungen. Individuen leben getrennt, eine Persönlichkeit aber lebt in Beziehungen. Wir überschreiten uns dann selbst und nehmen Beziehungen zu anderen, zur Welt und zum Ursprung aller anderen Menschen auf der Welt, zum Ursprung aller Dinge auf.

Ihr wißt ja: Die größte Entdeckung in den indischen Upanishaden im 5./6. Jahrhundert war genau dieser Durchbruch durch die physische Welt und die psychische Welt, durch das Ego hin zum Verständnis vom *Atman,* dem Geist, dem Ewigen. Dieser Durchbruch in den Upanishaden, bei Buddha, den Griechen Heraklit, Sokrates, Plato und bei den hebräischen Propheten ist entscheidend für die Menschheit heute. Überall dort vollzog sich dieser Durchbruch ins Transzendente.

Der Mönch in uns

Die Erfahrung des Transzendenten war normalerweise Mönchen und Nonnen vorbehalten; in Indien waren es hauptsächlich die Sannyasins. Wenn man diesen inneren Ruf hörte, verließ man seine Familie, zog die *Khavi* an und begab sich in den Himalaya, den Wald oder in eine Höhle und meditierte und erfuhr dort Gott. Man erfuhr die innere Wahrheit, den *Atman,* den Geist. Oder man folgte als buddhistischer Mönch diesem Ruf der Transzendenz. Der Buddhismus beruht auf dem Mönchtum und heute gibt es überall in Asien buddhistische Mönche. Bei den Christen wird man normalerweise Mönch oder Geistlicher. Doch heute, ich sagte es schon, entdecken wir, daß dieser Ruf zur Transzendenz, dieser Ruf, den Geist, das Unendliche, das Ewige zu verwirklichen, an jeden ergeht. Das ist ein universeller Ruf, der das Leben der Menschen verändert.

Ein Laienmönch spürt diesen Ruf zur Gottsuche, diesen Ruf, das Physische und das Psychische zu überschreiten und sich für das Unendliche, das Ewige, den einen ewigen Gott zu öffnen. Das ereignet sich jetzt überall auf der Welt. Es ist ein gewaltiges Ereignis, das wirklich in unserem Leben stattfindet. Wenn die Menschen Buddha fragten: *„Was ist Nirvana?"* und *„Was ist Gott?",* pflegte er darauf nicht zu antworten. Er sagte nur: *„Folgt dem edlen Pfad, dem Pfad des rechten Seins und rechten Sprechens, des rechten Handelns, der rechten Meditation, und ihr werdet es selbst entdecken."* Man muß es für sich selbst entdecken. Es hat keinen Zweck, nur darüber nachzudenken oder darüber zu sprechen, man muß es finden. Es ist eine Reise, eine spirituelle Reise, die viele Menschen heutzutage unternehmen.

Es gibt ein tiefes Zentrum in jedem Menschen, das nur von Gott, dem Unendlichen, dem Ewigen ausgefüllt werden kann. Jeder einzelne Mensch kann völlig in seiner physischen Situation und seiner Psyche verloren sein. Aber dieses Zentrum ist immer da. Das ist die Urform Mönch. Das Wort Mönch kommt von *monos* und bedeutet der *„Unbekannte",* der *„Einzelne".* Der Mönch geht über alle Vielheit hinaus und gelangt zum einzigen, zum Zentrum, zu dem einen Punkt.

Ihr braucht euch nur auf die eine Wirklichkeit in euch selbst zu richten, und wenn ihr sie in euch selbst findet, findet ihr sie überall. Die eine Wirklichkeit in euch ist auch in allen anderen Menschen, sie umfaßt das ganze Universum, sie ist der *Eine*.

Das also meint die Urform Mönch. Diese Urform steckt nicht nur in Geistlichen oder in Menschen, die ein Mönchsgelübde abgelegt haben, sie steckt in jedem Menschen. Die Menschen entdecken jetzt, wie man sich dieses Rufes zum Mönchsein bewußt wird, dieses Rufes, eins zu sein mit Gott, was unsere menschliche Berufung ist. Diese menschliche Berufung ist nicht nur auf einige wenige beschränkt, sie ergeht unterschiedslos an alle Menschen, junge und alte, auch an Kinder. Alte Frauen in Dörfern können spirituell außerordentlich tief und weise sein, das ist ganz erstaunlich. Sie haben oft ihr ganzes Leben lang gelitten und Kinder und Enkel großgezogen. Aber sie leben ein solches gottgeweihtes Leben. Sie sind zu etwas Dahinterliegendem durchgebrochen, sie haben eine Weisheit erworben und besitzen eine Tiefe, die gewöhnliche Menschen nicht besitzen.

Auch kleine Kinder, drei oder vier Jahre alt, können die gleichen Erfahrungen machen. Ich bin sicher, ihr alle habt sie selbst auch gemacht. Es ist erstaunlich, wie wenig in diesem Alter der rationale Verstand vorherrscht. Die Kinder sind noch unschuldig, und so kann die Urform Mönch in ihnen wirken. Sie haben oft herrliche Visionen und Erlebnisse. Später gehen sie zur Schule, und der rationale Verstand kommt dazwischen und unterdrückt all diese Dinge.

Das also ist unsere Tragödie, aber hinter all diesen Dingen bleibt doch diese Urform als jungfräuliche Seele bestehen. Das Kind im Innern ist immer da. Auch wenn wir alles andere loslassen bleibt das Kind, die Jungfrau – es ist die jungfräuliche Mutter. Die jungfräuliche Mutter ist die Jungfrau, die fruchtbar ist, und sie ist immer, in jedem Menschen, da, und sie ist die Urform Mönch. Wir alle entdecken jetzt, daß diese Urform in jedem Menschen steckt, und die Menschen vernehmen diesen Ruf, über die äußere Welt, auch über die innere

Welt hinauszugehen, über Familie, über Freunde, über alles hinaus, und die innerste Einheit mit Gott, mit dem Höchsten, mit dem Ewigen zu entdecken.

Die Methode dazu ist normalerweise die Kontemplation, aber man kann es auch auf anderen Wegen erreichen, z. B. durch ein völlig selbstloses Leben wie Mutter Teresa. Menschen, die sich in Liebe und Dienstbarkeit auf diese Weise verschenken, können eine sehr tiefe Erfahrung des Unendlichen, Gottes, oder wie man es auch immer nennen will, machen. Doch der direkteste Weg ist der über die Kontemplation.

Die Erfahrung der Einheit in der Kontemplation

Kontemplation ist in erster Linie die Kunst, die Sinne ruhig zu stellen. Der Körper wird ruhig, der Verstand wird ruhig, und so kommt das tiefere Bewußtsein zum Vorschein. Sie ist die Erfahrung der Einheit, die jenseits der Vielheit, der Welt ringsum, jenseits des Verstandes und des Denkens liegt. Man gelangt dabei zu dem einen Punkt im Innern. Das ist die Urform des Mönchs im Innern, den man dann entdeckt, die innere Wirklichkeit. Danach suchen wir in der Kontemplation eigentlich.

Aber ihr müßt tagtäglich daran arbeiten. Wenn ihr euch einen Tag lang darum bemüht und es dann eine Woche wieder vernachlässigt, dann funktioniert es nicht. Es muß nämlich langsam aufgebaut werden. Bis es aufgebaut ist, dauert es wirklich Wochen, Monate, für manche Menschen Jahre, aber es wächst. Ihr müßt es wachsen lassen, bis ihr euer Bewußtsein allmählich beherrscht und sich mehr und mehr die Bewußtheit des Geistes, des Ewigen einstellt. Es ist die spirituelle Reise. Und damit befassen sich viele Menschen heutzutage.

Das also ist mit einem Laienmönch und einer Weihe zum Laienmönch gemeint. Man weiht sein Leben Gott, um die

Wirklichkeit Gottes im eigenen Leben, in der Welt zu entdecken und sein ganzes Leben auf diese Gegenwart auszurichten, ohne dabei die Pflichten des Alltags, seine Arbeit, zu vernachlässigen. Man ist zwar noch mit diesen Dingen beschäftigt, aber der Bezugspunkt für alles muß die eine Wahrheit, die eine Wirklichkeit sein. Die meisten Menschen müssen dies jeden Morgen und jeden Abend immer wieder neu vollziehen. Man kann nicht den ganzen Tag lang mit Worten und Gedanken beten, **aber man kann sich in jedem Augenblick des Tages der Gegenwart Gottes bewußt sein**. Das ist der Ruf, den die Menschen heute hören.

Dabei gibt es noch einen anderen interessanten Aspekt. Seit dem zweiten Jahrhundert wurden in der ganzen Kirche die Priester und die Sakramente zur Hauptsache. Die meisten Christen, besonders die Katholiken, identifizieren die Kirche mit den Priestern und Sakramenten, besonders der Eucharistie, der Taufe und der Ehe. Die Sakramente gehören jedoch zur Welt der Zeichen, die Wirklichkeit liegt aber jenseits der Zeichen. Auch die Kirche selbst befindet sich jenseits all dieser Zeichen. Die ewige Kirche liegt jenseits aller Geistlichen und Sakramente und wurde von Jesus gegründet. Heute entdecken wir aber, daß er nicht die institutionelle Kirche gegründet hat.

Wenn ihr heute eine ernstzunehmende Untersuchung über das Neue Testament lest, ist vollkommen klar, daß die Priester und die Sakramente erst im Ende des ersten und am Anfang des zweiten Jahrhunderts aufgetaucht sind. Im ersten Jahrhundert gab es keine Priester, keine Bischöfe, keine Sakramente, kein Dogma. **Jesus selbst war kein Priester, auch die Apostel waren keine Priester.** Im Lauf des Jahrhunderts wurden diese Leute manchmal Presbyter, Älteste, Bischöfe oder Aufseher genannt. Es gab aber keinen einzelnen Mann an der Spitze, es gab nur *„Gruppenführer"* in der Kirche. Das änderte sich allmählich, und diese Presbyter und Bischöfe breiteten sich in der Kirche aus, allerdings erst gegen Ende des ersten Jahrhunderts. Schließlich schob sich im zweiten Jahrhundert ein

Bischof an die Spitze. Dann folgte der Papst als einer dieser Bischöfe, der sich in Rom etablierte. Das alles ist also erst eine Entwicklung des zweiten Jahrhunderts. Jesus selbst war vielleicht eher eine Art Sannyasin, er war jedenfalls kein Priester. Er war ein wandernder Sannyasin mit einer Schülerschar, wie man sie in Indien immer wieder sieht. Aber es gab keine Priester und keine Sakramente oder etwas Derartiges. Jesus predigte nur das Reich Gottes. Er und seine Schüler wanderten damals in Palästina umher und wollten auch anderen von dieser Vision des Reichs Gottes erzählen. Nach Jesus breiteten seine Schüler diese Botschaft vom Reich weiter aus und hielten gemeinsam eine heilige Mahlzeit. Ursprünglich war die Eucharistie eine heilige Mahlzeit, die sie gemeinsam einnahmen. Dann begannen sich, was ganz natürlich und normal ist, wenn sich eine Gemeinschaft konsolidiert, eigene Gebräuche und Traditionen zu entwickeln. **Jesus hat die Kirche nicht gegründet.** Es ist wirklich wichtig, sich das klarzumachen. Alle Strukturen der Kirche entstanden erst später. Er gründete nur, was man die „eschatologische" Kirche nennt, die Kirche am Ende der Zeiten, die Kirche, die die letztendliche Erfüllung der Menschheit ist. Diese Kirche zu gründen, ist er gekommen.

Natürlich kann man nicht im Geist allein leben. Der Mensch braucht auch alltägliches Leben, das er organisieren muß. Er braucht Rituale. So kam es dann eben zu all diesen Dingen. Man benötigt auch Beamte, um das alles zu organisieren und zu leiten. Das Problem besteht aber darin, daß, wie bei allen Kirchen und allen Religionen, die Geistlichen und die Sakramente begannen, zur Hauptsache zu werden. Viele Menschen leben jetzt in dieser Welt der Geistlichen und Sakramente, der Welt der äußeren Religion. Die Religion wird zu einer äußerlichen Angelegenheit, und das tiefere Bewußtsein von der Gegenwart Gottes verschwindet immer mehr. Viele Menschen versuchen dann natürlich auf verschiedene Arten, das Innere noch zu bewahren, aber es gibt immer Wege durchzubrechen.

In allen Religionen besteht das Problem, daß sie die Tendenz haben, in den ursprünglichen Gesetzen, Regeln, Ritualen und Dogmen zu erstarren. So entsteht dann eine Struktur, an der man sich festklammern kann. Aber sie ist etwas Geschaffenes, nicht das Ungeschaffene. Das Ungeschaffene ist immer gegenwärtig, aber man konzentriert sich dann auf das Geschaffene. Wir alle sind gerufen, über die Sakramente und Zeichen und Dogmen hinauszugehen. Das heißt nicht, daß ihr sie zurückweisen sollt, ihr könnt sie ruhig behalten. Aber ihr müßt durch sie hindurchbrechen zu dem, was sie verkörpern. Sie verkörpern die Wirklichkeit. Ihr müßt durch die Zeichen und die Symbole zur Wirklichkeit hindurchbrechen, ob es sich bei den Zeichen nun um die Eucharistie oder das Dogma von der Fleischwerdung Gottes oder sonst etwas handelt. Ihr müßt durch all diese Zeichen hindurchbrechen und die göttliche Wirklichkeit entdecken, die sich euch in diesen Zeichen vergegenwärtigt.

Das ist Kontemplation, und das bedeutet die Weihe zum Laienmönch: hinter die Zeichen und Symbole der Religion zu dringen, vorzudringen zur Wirklichkeit, zur einen Wahrheit, zum einen Selbst, das sich in diesen unterschiedlichen Formen ausdrückt und in den unterschiedlichen Religionen variiert. Dieses eine Selbst liegt in jedem von uns. Die Tiefe unseres Selbst ist *eine* Wirklichkeit, *ein* Wort. In jedem Mensch ist der Geist gegenwärtig, das müssen wir entdecken. Das ist das Ziel der menschlichen Existenz und das Ziel der spirituellen Reise. Es kommt darauf an, diese verborgene Gegenwart im Herzen und im eigenen Wesen zu entdecken.

Die eine Wirklichkeit jenseits von Worten und Zeichen

So also sehe ich heute diesen Ruf, und wie gesagt, in jedem Teil der Welt vernehmen ihn die Menschen. Das ist das Außergewöhnliche, und so entstehen heute religiöse Bewegungen. Es gab in der Geschichte immer wieder solche religiösen, spirituellen Bewegungen, und für mich ist das die große spirituelle Bewegung der heutigen Zeit. Die Menschen brechen durch die Ebene der Zeichen hindurch, wo die Dogmen ihre Bedeutung verloren haben. All diese Dogmen hängen von Symbolen ab, und Symbole können ihre Bedeutung verlieren.

Für uns als Christen stellt der *„Himmel"* ein großes Problem dar. Wir haben uns immer den *„Vater im Himmel"* vorgestellt. *„Himmel"* bedeutet dabei die blaue Kuppel über uns, und Gott befindet sich dort droben im Himmel. Die meisten Menschen hatten damit überhaupt keine Schwierigkeiten, denn sie wußten nichts über den Himmel; ein solcher Glaube war vollkommen normal. Jetzt ist diese Vorstellung völlig unmöglich geworden. Es gibt keinen Gott dort oben. Raumschiffe mit Astronauten sind hinaufgeflogen und haben dort oben keinen Gott gefunden. Sich Gott im *„Himmel"* zu denken, ist jetzt absurd, dieses Symbol hat seine Bedeutung verloren, und wir müssen andere Symbole finden.

Was die Menschen heute finden, ist nicht ein Gott dort oben, sondern ein Gott im Herzen. Das hat für die meisten Menschen die tiefe Bedeutung, daß das Göttliche, daß Gott im Herzen ist, im innersten Zentrum des Wesens; d. h. Gott ist in eurem Wesen und im Wesen des ganzen Universums, im Herzen aller Dinge.

Ihr seht also, daß sich ein radikaler Wandel auf der Welt vollzieht, in der ganzen Welt der Religion. Ich glaube, diese spirituelle Bewegung entstand, um auf dieses Bedürfnis des heutigen Menschen zu antworten. Die Menschen können viele der alten Symbole und Strukturen und Organisationen nicht mehr akzeptieren, denn sie befriedigen ihr tiefstes Bedürfnis nicht mehr. Sie suchen deshalb nach einer tieferen Wirklichkeit dahinter und nach Möglichkeiten, sie auszudrücken.

Ich hoffe also, ihr alle versteht, worum es geht, und die Tatsache, daß ihr aus allen Teilen der Welt hierher gekommen seid, ist ein Zeichen dafür, daß es überall passiert. Menschen kommen aus allen Richtungen hierher, auf der Suche nach dieser inneren Wirklichkeit, der Erfahrung Gottes, der Erfahrung des Selbst, der Selbstverwirklichung und wie die Namen alle heißen, die wir einer Wirklichkeit geben, die man nicht benennen kann. Sie ist die *eine* Wirklichkeit jenseits aller Worte und allen Denkens, und sie gibt allem seinen Sinn.

Die Schwierigkeit dabei besteht darin, daß diese Wirklichkeit der Sinn aller Dinge ist, aber man kann ihr keine Bezeichnung geben. Selbst die Bezeichnung „Gott" ist in heutigen Zeiten sehr dubios geworden. Viele Menschen können heute das Wort „Gott" nicht mehr benutzen. Es ist so korrumpiert und hat so viele verschiedene Bedeutungen, daß man sehr häufig am besten darauf verzichtet. Das gilt natürlich für all diese Symbole, ob es sich um Gott oder *Brahman* oder *Atman* oder *Tao* oder *Nirvana* handelt. Sie alle haben eine tiefe Bedeutung. Ihr könnt hinter die äußere Fassade, die äußere Form blicken und die Wirklichkeit entdecken, die sie in euch wachrufen, euch zeigen wollen. Das also ist das Ziel unseres Zusammenseins heute.

Ein Ashram wie dieser hier ist genau dazu da, Menschen, die diese Suche durchführen und diese Wirklichkeit in ihrem Leben entdecken können, eine Umgebung zu bieten. Diese Wirklichkeit wird für jeden wieder anders sein. Wir haben alle unseren eigenen Hintergrund, unsere eigenen Symbole und Sprache usw. Und wir alle müssen durch diese verschiedenen Symbole und Dinge hindurchbrechen, um die Wirklichkeit dahinter zu entdecken. Die Wirklichkeit liegt in der Tiefe des Herzens.

Das meint die Urform des Mönchs in uns, und das ist die Bedeutung eines Laienmönchs oder einer Laiennonne, der oder die sich der Suche nach Gott weiht, der Suche nach der inneren Wirklichkeit in der Welt des eigenen Selbst.

Quellennachweis

Auf der Suche nach Gott: Vortrag in Shantivanam, Dezember 1989

Der Ashram als Weg zur Transzendenz: Vortrag in Shantivanam, Dezember 1991

Wo ist Gott?: Bede Griffiths, Wege zum Christus-Bewußtsein, © Aquamarin-Verlag, Grafing 1994, S. 19–32

Der kosmische Mensch im Neuen Testament: Bede Griffiths, Die neue Wirklichkeit, © Aquamarin-Verlag, Grafing 1990, S. 141–157

Der innere Christus: Bede Griffiths, Wege zum neuen Christus-Bewußtsein, © Aquamarin-Verlag, Grafing 1994, S. 64–77, 86–95

Die Eucharistie – Begegnung mit Gott: Vortrag in Kreuth/Tegernsee, Mai 1991

Du bist alles, was es gibt. Du bist nichts, was es gibt: Vorträge in London, April 1991

Der Mönch in uns: Vortrag in Shantivanam anläßlich der Oblatenweihe von Roland R. Ropers, Dezember 1991

Nachwort

GOTTES GEGENWART IN DER MUSIK
von Roland R. Ropers

*„Die Kunst vertritt allemal die Gottheit,
und das menschliche Verhältnis zu ihr ist Religion;
was wir durch die Kunst erwerben, das ist von Gott,
göttliche Eingebung, die den menschlichen Befähigungen
ein Ziel steckt, das er erreicht.“*

– Ludwig van Beethoven –

Bede Griffiths war ein großer Liebhaber der schönen Künste Literatur und Musik. Als junger Mann hat er hervorragend Klavier gespielt. Wir haben gemeinsam viel über die Bedeutung des Klanges in Wort und Musik gesprochen. Im Gedenken an sein für mich bedeutsames Vermächtnis, die Auferstehung in der Gegenwart zu erleben, möchte ich ihm posthum die nachfolgenden Gedanken widmen, die in Mozarts Geburtsstadt Salzburg entstanden sind.

Das konsequent verinnerlichte und vergeistigte Musikverständnis geht allmählich in eine religiöse Einstellung zur Musik über. Eine echte Musik ist auch daran zu erkennen, daß unter ihrer Wirkung ein Gefühl von Geborgenheit entsteht. Beim Hören einer Musik von **Bach** oder **Mozart** sehen wir uns von aller Angst, Unsicherheit und Einsamkeit befreit. An deren Stelle spüren wir geheimnisvoll eine unaussprechliche, Trost, Mut und Vertrauen spendende Präsenz in uns lebendig werden. Sie kann aber erst dann deutlich identifiziert werden, wenn der Hörer die sich durch die Musik offenbarende Innenwelt und Geisteswelt erfährt. Solch eine Erfahrung mündet notwendigerweise in die Ahnung ein, daß wir unseren Lebens- und Schicksalsweg unter dem liebevoll beschützenden Blick eines göttlichen Wesens gehen. Das vom Musikerlebnis stark erfüllte höhere Ich ist die Antenne, durch die sich der Mensch mit dem Weltengeist in Verbindung setzen kann. Deshalb sieht sich jeder Musikfreund von einem bestimmten Zeitpunkt seiner musikalisch-geistigen Entwicklung mit dem Glaubensproblem konfrontiert.

Die religiösen Fragen, welche auf die Anregung der Musik in der Seele erscheinen, haben eine ungeheure existentielle Intensität. Nie wird ein Prediger oder eine theologische Darlegung einen Menschen emotional so stark aufwühlen können. Während das nach Überredung strebende Wort im besten Fall den denkenden und fühlenden Menschen in uns beeindruckt, reichen die Töne bis in unsere Wesenstiefe hinab, bis zum seienden Menschen in uns, bis zum eigentlichen **göttlichen Wesenskern**. Die Musik beschränkt sich nicht darauf, von Gott nur zu sprechen. Sie spricht nicht von ihm, sondern gibt uns die Möglichkeit, etwas von seiner Wirklichkeit, Majestät und Liebe unmittelbar zu verspüren. Hat der Musikfreund das bisher Erfahrene ernst genommen, dann bleibt ihm jetzt nichts anderes übrig, als sich mit diesem neuen Gast seines Bewußtseins auseinanderzusetzen. Eine musikalische Erfahrung, die nicht zur religiösen Erfahrung wird, war nicht musikalisch im tiefsten Sinne des Wortes. Die Töne weisen auf etwas hin, das höher ist als sie.

Daß die Musik existiert, um den Menschen zu Gott zu führen, das haben alle großen Künstler einhellig festgestellt. Man kann die Musik nicht höher anerkennen und ihr huldigen wie dadurch, daß man ihre spezifische Kraft betont, nämlich die Seele mit der Ahnung der Gottesnähe zu erfüllen. Gegen diese Wirkung der Musik kann der Atheist keine Beweise erbringen: Die Auseinandersetzung spielt sich nicht mehr auf der intellektuellen Ebene ab, auf der die Widerlegung des Glaubens so einfach vonstatten geht, sondern auf einer Ebene, auf der selbst der Atheist sich tief erschüttert und darum auch verunsichert fühlt. Ein in seinem Glauben Schwankender entdeckt, daß ohne den ganzen Einsatz seines Wesens, das er durch die Musik mit ungewöhnlicher Intensität erfährt, sein Glaube kraftlos und unwirksam bleibt. Was den streng kirchlich Gläubigen betrifft, kann dieser mit Erstaunen feststellen, daß seine von religiösem Brauchtum geprägte Frömmigkeit eigentlich sehr wenig mit Gott, mit der wahren Führung der Welt zu tun hat. Die musikalische Erfahrung des Göttlichen bietet dem Menschen einen Wertmaßstab, demzufolge sich jede Form des Glaubens oder des Unglaubens veranlaßt fühlt, ihre Grundlagen nochmals zu überprüfen.

Wem Gott durch die Musik seine **Gegenwart** zu erkennen gibt, dem ist damit auch ein besonderer Glaubensweg angedeutet. Diesen Weg muß aber die Seele selbst finden. Die musikalische Begegnung mit Gott ist von dieser Kunst geprägt, die aber in Wirklichkeit das höchste uns verfügbare Mittel ist, mit dem wir etwas von der Realität des Unsichtbaren wahrnehmen können. Der Glaube eines Menschen, der die Musik ernst nimmt, kann tatsächlich nur musikalisch sein, wobei hier das Musikalische seinem innersten Gehalt nach zu verstehen ist: Er strebt einer Gottheit nach, die wie die Musik grenzenlos und rein geistig ist und die wir lediglich durch jene ungeheure innere Erweiterung wirklich erfahren können, welche unter der Wirkung der Musik stattfindet. Eine Glaubensform, die an irgendwelche äußere Formen gebunden ist, widerspricht seiner bisherigen inneren Erfahrung. Wer mit dem **eins** wird, was von **J.S. Bach** in der *d-moll Toccata* oder im *Musikalischen Opfer* vertont wurde, kann sich eine höhere, mächtigere oder wirklichere Offenbarung des Göttlichen auf Erden nicht vorstellen.

Nachdem wir die Wirkung der Musik bis in unsere Wesenstiefe empfunden haben, wissen wir, mit welcher Stärke Gott von sich durch die Musik spricht. Wie könnte ein Mensch, in dem die Töne die leuchtende Anwesenheit Gottes enthüllten, einen anderen Weg für seinen Glauben suchen? Kehrt etwa der Bettler einem Schatz, den er gefunden hat, den Rücken zu?

Wir können die Tiefe erahnen, aus der sich die Wehklage **Beethovens** erhob:

„Wenn ich die Augen aufschlage, so muß ich seufzen; denn was ich sehe, ist gegen meine Religion, und die Welt muß ich verachten, die nicht ahnt, daß Musik höhere Offenbarung ist als alle Weisheit und Philosophie."

Es ist jedoch durchaus möglich, daß der Musikfreund aus persönlichen Gründen oder wegen besonderer Lebensumstände die Erfüllung seines religiösen Bedürfnisses in einer der üblichen Glaubensformen finden will. In diesem Falle wird ihm seine Untreue der Musik gegenüber zu einem quälenden inneren Vorwurf. Steht er am Beginn seiner geistigen Suche, dann erlebt er dieses geteilte Leben seiner Seele wie eine schmerzliche, sein Gleichgewicht bedrohende Spaltung. Wenn er aber die Musik und das Leben bereits etwas tiefer versteht, kann er in eine große Krise geraten. Die Tatsache, daß sich seine Glaubensart nicht nach der Botschaft der Musik richtet, steht in großem Widerspruch zu seinem Selbstbewußtsein und wird empfunden als dessen Verletzung. Aus den Abgrundtiefen der Seele erhebt sich dann der Schrei nach innerer Freiheit. **Die Musik sagt dem Menschen unaufhörlich, daß Gott ihn als freies Wesen will, das keine Vermittlung und keinen Vormund braucht, um am göttlichen Leben teilzunehmen.** Durch die Musik spürt er, daß er schon alles in sich hat, was ihm vonnöten ist, um mit Gott in Beziehung zu treten. Worin bestünde sonst der Sinn der unbeschreiblichen inneren Erlebnisse, die ihm durch die Töne zuteil wurden und die auf keinem anderen Weg erreichbar sind? Erst jetzt versteht er, was *„die enge Tür"*, durch die man ins *„Himmelreich"* eintritt, bedeutet: Es gibt nur eine einzige Art, sich wirklich und richtig mit Gott in Verbindung zu setzen. Daß man ihm Unverständnis oder Intoleranz anderer Glaubensformen gegenüber zuschreiben wird – davon läßt er sich nicht sonderlich beeindrucken. Als menschliches Wesen, das Einheit in seine Seele bringen und seiner Musikliebe treu bleiben will, kann er sich nur zu dem Glauben bekennen, der sich ihm durch die Töne geoffenbart hat. Dies bedeutet, sich möglichst bewußt und ständig als geistiges Wesen zu empfinden, wodurch man sich unmittelbar an den Weltengeist anschließt. Wird der Weltengeist nicht deshalb **Logos** genannt, weil er sich vor allem in einer *tönenden* Art ausdrückt? Selbstverständlich ist sich seine Stimme nicht wie des Predigers auf der Kanzel oder wie des Theologieprofessors am Katheder vorzustellen. Noch weniger dürfen wir sie mit dem gedruckten Wort gleichsetzen. Um uns davon eine vage Vorstellung zu machen, sollten wir unsere Vorstellungskraft auf das richten, wovon **Goethe** so wundervoll spricht:

„Die Sonne tönt nach alter Weise in Brudersphären Wettgesang.“

Die hohen Formen der Musik sind das einzige uns zur Verfügung stehende Mittel, die kosmische Stimme Gottes zu erfahren – jenes Gottes, der von der Menschenseele gehört werden will. Daher die Worte **Beethovens**: *„Worte … sind schlechte Diener des göttlichen Wortes, das allein die Musik ausspricht.“* Aus dieser Überzeugung heraus kam seine Bitte an **Bettina Brentano**: *„Sprechen Sie dem Goethe von mir: Sagen Sie ihm, er soll meine Symphonien hören: da wird er mir recht geben, daß Musik der einzige unverkörperte Eingang in eine höhere Welt des Wissens ist, die wohl den Menschen umfaßt, die er aber nicht zu fassen vermag.“*

Der Musikfreund ist ein Sucher nach einer Erkenntnis, die ihm die von der Musik hervorgerufenen Fragen erklären und beantworten kann. Hat er sich ehrlich entschlossen, die geistige Wahrheit zu suchen, dann darf er sicher sein, daß ihm auch der Weg gezeigt wird. Auf einem in der Regel unerwarteten Weg wird dem eifrigen Sucher jene geistige Erkenntnis zuteil, die ihm die bisherigen Ahnungen zu klar gestalteten Wahrheiten werden läßt. Er wird fortan nicht nur vage spüren, daß er ein **unsterbliches** und mit dem Weltengeist unzertrennlich verbundenes **geistiges Wesen** ist. Er wird es sogar genau **wissen**, weil ihm jetzt die wahre Beschaffenheit des Menschen, dessen Leben in der geistigen Welt vor der Geburt und nach dem Tod und das Geheimnis seines sogenannten Schicksals offenbar werden. Wenn in ihm diese Erkenntnis Wirklichkeit wird, fühlt sich der Mensch gänzlich erneuert, gestärkt und verjüngt. Es ist, als ob er zum zweiten Mal geboren wäre. Jeder, der den Mut hat, über die Musik hinauszuschreiten und *„die höhere Welt des Wissens"*, wie **Beethoven** sie nannte, zu betreten, kann dieses Wunder der zweiten Geburt erfahren. Leider haben sehr wenige diesen Mut, obwohl die Musik in einer sehr deutlichen Art auf seine Notwendigkeit hinweist: *„Tausende haben Umgang mit der Musik und haben doch ihre Offenbarung nicht."* (**L. van Beethoven**).

In keinem anderen Bereich der menschlichen Kultur ist das Geheimnis der Einweihung so lebendig bewahrt worden wie in der Musik. Die Musik ist in ihrem tiefsten Wesen ein Initiationsweg, der Aufstieg in die geistige Gipfelhöhen in das tiefstinnere Zentrum, die heilige Mitte des Seins. **Hermann Hesse** schrieb so wunderschön:

> *Musik des Weltalls und Musik der Meister*
> *Sind wir bereit in Ehrfurcht anzuhören,*
> *Zu reiner Feier die verehrten Geister*
> *Begnadeter Zeiten zu beschwören.*
> *Wir lassen vom Geheimnis uns erheben*
> *Der magischen Formelschrift, in deren Bahn*
> *Das Uferlose, Stürmende, das Leben*
> *Zu klaren Gleichnissen gerann.*
> *Sternbildern gleich ertönen sie kristallen,*
> *In ihrem Dienst ward unserm Leben Sinn,*
> *Und keiner kann aus ihren Kreisen fallen*
> *Als nach der heiligen Mitte hin.*

Anhang

INTERNATIONAL
GANDHI & GRIFFITHS SOCIETY
Bewegung für Gewaltlosigkeit & Spiritualität

*„Ahimsa, Gewaltlosigkeit ist eine
Haltung des Herzens."*
(Mahatma Gandhi)

*„Es gibt nur Frieden in unserer Gesellschaft,
wenn der Mensch in seinem Herzen
friedlich ist. Frieden ist wortlose
Kommunikation."*
(Bede Griffiths)

Um Wirken und Weisheit von Gandhi und Griffiths für die Nachwelt in lebendiger Erinnerung zu halten, wurde in Kreuth/Tegernsee am 17. Oktober 1998 in Anwesenheit von Jesuitenpater und Gandhi-Freund Professor Dr. **Michael A. Windey** die **INTERNATIONAL GANDHI & GRIFFITHS SOCIETY – Movement for Non-Violence & Spirituality"** gegründet. Die Aufgaben und Ziele dieser Gesellschaft sind:

– Das große Gedankengut und die Lebensideale von **Mahatma Gandhi** und Benediktinermönch **Bede Griffiths** der Welt weiterzugeben. Jesuitenpater Michael Windey, der mit Gandhi und Griffiths sehr eng verbunden war, ist ein lebendiges Symbol für das Erbe dieser bedeutenden Geistespersönlichkeiten.

– Gewaltlosigkeit: Leben in Frieden, Harmonie und Liebe. Sorge und Pflege des Planeten Erde, wie es uns die Indianer und andere wunderbare Menschen immer wieder ans Herz legen.

– Erziehung des Menschen unter menschenwürdigen Bedingungen: Kunst, Musik, Tanz, Naturwissenschaften, Literatur, Sprachen, Gemeinschaftsleben in Freude und Freiheit gemäß dem Vorbild von **Lord Yehudi Menuhin**. Konkurrenz untereinander in spielerischer Weise anstelle von zerstörerischer Aggression. Training in neuen Technologien, die als Hilfsmittel gedacht sind und nicht zum Machtmißbrauch.

– Versöhnung der Weltreligionen. Gegenseitiger Respekt vor jeder Religion, Kultur, Rasse, Hautfarbe.

– Spirituelle Unterweisung und Praxis aus den Quellen der großen Weisen und Meister aller religiöser Traditionen.

– Heilung von Körper, Seele und Geist durch Verbindung zu den feinen Methoden der auf die Natur orientierte Medizin.

– Gründung von **Gandhi & Griffiths Zentren** in allen Teilen der Erde, wo individuelle Projekte gemäß den Zielen der Gesellschaft realisiert werden.

– Promotion von allem Dokumentationsmaterial (Bücher, Filme, Fotos, Videos, Kassetten), das Zeugnis ablegt von Leben und Wirken von **Mahatma Gandhi, Bede Griffiths, Yehudi Menuhin und Michael Windey**.

– Unterstützung der Mittellosen und Armen in der Welt, um deren Leben menschenwürdig zu gestalten.

Michael Windey sagte in seiner bewegenden Gründungsansprache am 17. Oktober 1998:

„Man kann die Wahrheit nicht wirklich ohne die Einheit erreichen.
Ich glaube, Bede Griffiths und Mahatma Gandhi waren die ökumenischsten Menschen,
die wir im 20 Jahrhundert in Indien hatten."

Kontaktadresse und Information:
Roland R. Ropers Obl. O.S.B.
Chairman
INTERNATIONAL GANDHI & GRIFFITHS SOCIETY
Thomas Baumgartner Weg 12
D 83708 Kreuth/Tegernsee
Tel: (49) 80 29-999 89, Fax: (49) 80 29-998 942
E-Mail: ROPARADISE@aol.com

Ich danke dem Verleger **Arno Kleibel**, dem Enkel des Gründers des Otto Müller Verlages Salzburg, sehr herzlich, daß wir das bedeutende spirituelle Griffiths-Erbe aus dem Saccidananda Ashram Shantivanam in einer neuen Buchreihe dem Leser anbieten können.

Bereits 1963, während des 2. Vatikanischen Konzils, erschien bei Otto Müller in der Reihe **„Wort und Antwort – Begegnung der Religionen"** das 320-Seiten-Werk der Griffiths-Vorgänger **Jules Monchanin** S.A.M. und **Henri Le Saux** O.S.B.: **„Die Eremiten von Saccidananda"**. Der Ashram wurde 1950 von den 2 Franzosen gegründet, und mit Bede Griffiths erfuhr die Dreifaltigkeit dieses heiligen Ortes ihre Vollendung. 1983 brachte der Otto Müller Verlag die deutsche Ausgabe des geradezu prophetischen Werkes von Bede Griffiths auf den Markt: **„Die Hochzeit von Ost und West – Hoffnung für die Menschheit"**. Dieses Buch hat eine aktuelle Bedeutung für unser 21. Jahrhundert und wurde unmittelbar nach dem 11. September 2001 in Amerika in neuer Auflage herausgebracht.

In Salzburg hatte Bede Griffiths im September 1992 Zeichen für ein auf die Gegenwart Gottes bezogenes Bewußtsein gesetzt.

Möge diese wesentlich erweiterte Neuausgabe zu der zeitlosen Auferstehungs-Erfahrung im Hier und Jetzt segensreiche Impulse liefern.

Roland R. Ropers
Kreuth/Tegernsee und Salzburg
Am heiligen Fest der Auferstehung 2002

Bede Griffiths, Mensch – Mönch- Mystiker, geb. 1906 in Walton-on-Thames/England, gehört zu den herausragenden spirituellen Meistern in der Geschichte des Christentums. Von 1955 bis zu seinem Tode 1993 lebte und wirkte er in Indien, wo er 25 Jahre lang den Sat-Chit-Ananda Ashram im Süden Indiens leitete und zu einem Zentrum für die Begegnung der Weltreligionen machte. Als prophetischer Vorausdenker für die Zukunft der Menschheit hat er einen Schatz an Wissen und Weisheit als geistiges Vermächtnis hinterlassen, das für Menschen aller Religionen und Kulturen als Wegzehrung und Trost zu dienen vermag.

Roland R. Ropers, geb. 1945 in Stade bei Hamburg, Religions- und Transformationsphilosoph, Buchautor und Publizist, war Schüler des Zen-Meisters H.M. Enomiya-Lassalle und wurde durch Bede Griffiths als spiritueller Lehrer offiziell autorisiert. Von Bede Griffiths ermutigt, die von ihm ins Leben gerufene Erneuerung des kontemplativen Lebens in das 21. Jahrhundert zu tragen. Weltweite Vortrags- und Seminartätigkeit. Präsident der International Gandhi & Griffiths Society – Movement for Non-Violence & Spirituality.